Le renouveau du droit des obligations

Droit privé et sciences criminelles

Collection dirigée par Yves Strickler

Créée fin 2011 par Yves Strickler et le Centre d'études et de recherches en droit privé (devenu le Centre d'études et de recherches en droit des procédures en 2013) de la Faculté de droit et science politique de Nice, la présente collection a pour vocation principale de publier des ouvrages en liaison avec le thème retenu pour dénomination de la collection. Cette dernière rassemble des recherches originales, tirées notamment de travaux de recherche, de manifestations scientifiques ainsi que d'ouvrages collectifs sur les interrogations actuelles que rencontre la science juridique, spécialement dans le domaine du droit privé et des sciences criminelles.

Parutions antérieures

Le droit et la science politique à l'épreuve des crises du XXIe siècle (dir. Nils Monnerie et Cloé Ponzo), juillet 2020, 192 pp

Nouvelles procédures civiles, nouvelles pratiques professionnelles ? Bilan et perspectives (dir. Natalie Fricero et Marie-Cécile Lasserre), juin 2020, 176 pp

Équilibre(s) et déséquilibres(s) en droit : regards croisés Droit et Gestion (dir. Anne-Sophie Siew-Guillemin, Alexandra Baile, Cédric Chapelle, Caroline Fabre), mai 2020, 260 pp

Les sanctions de l'inexécution après la réforme du droit des contrats, Louise Bottin, mai 2020, 152 pp

Presse et procès pénal (dir. Christine Courtin, Fabienne Ghelfi et Cédric Porteron), février 2020, 280 pp

Université et prétoire. Mélanges en l'honneur de Monsieur le Professeur Claude Lienhard (dir. Isabelle Corpart, Caroline Lacroix et Marie-France Steinlé-Feuerbach), janvier 2020, 424 pp

Défiance, doute, incertitude : quelle place pour la notion de confiance dans les sociétés modernes ? (dir. Julie Tribolo), août 2019, 90 pp

L'enfant à l'épreuve de la séparation parentale (dir. Laetitia Antonini-Cochin et Marie-Cécile Lasserre), avril 2019, 126 pp

Responsables scientifiques :
Gaël CHANTEPIE
Mathias LATINA
Aya OHSAWA

LE RENOUVEAU DU DROIT DES OBLIGATIONS

Perspectives franco-japonaises

L'Harmattan

5-7, rue de l'École-Polytechnique ; 75005 Paris
http://www.editions-harmattan.fr
ISBN : 978-2-343-21143-5
EAN : 9782343211435

Responsables scientifiques

Gaël CHANTEPIE
Mathias LATINA
Aya OHSAWA

Auteurs (ordre alphabétique) :

Laetitia ANTONINI-COCHIN, Maître de conférences-HDR à l'Université Côte d'Azur, CERDP

Gaël CHANTEPIE, Professeur à l'Université de Lille, CRDP – ULR 4487, équipe René Demogue

Sandrine CHASSAGNARD-PINET, Professeur à l'Université de Lille, CRDP – ULR 4487, équipe René Demogue

Mathias LATINA, Professeur à l'Université Côte d'Azur, CERDP

Aya OHSAWA, Professeur à l'Université Hosei

Ippei OHSAWA, Professeur adjoint à l'Université Senshu

Kazuma YAMASHIRO, Professeur à l'Université Waseda

Sommaire

Avant-propos

Gaël CHANTEPIE
Mathias LATINA

Alors que l'épidémie de covid-19 cantonne la plupart des relations académiques à de pénibles séances de visioconférence, le projet dont cet ouvrage constitue l'aboutissement paraît appartenir à un lointain passé.

Quelques mois à peine, pourtant, se sont écoulés depuis qu'un cycle de plusieurs conférences et séminaires, en France et au Japon, s'était achevé par deux journées à l'université Hosei à Tokyo, les 28 et 29 octobre 2019. Ce sont les actes de ces journées qui sont reproduits dans le présent ouvrage consacré au renouveau des droits des obligations.

Les droits français et japonais des obligations partagent en effet un même élan de renouvellement. Alors que le droit français des contrats vient d'être réformé par l'ordonnance n° 2016-131 du 10 février 2016, déjà modifiée par la loi de ratification du 20 avril 2018, l'avant-projet de réforme de la responsabilité civile française pourrait être soumis à l'examen du Parlement dans les prochains mois, à moins que le gouvernement finisse par choisir la voie d'une ordonnance.

Au Japon, la Diète a adopté, le 26 mai 2017, une vaste réforme du droit des obligations entrée en vigueur le 1er avril 2020. Dans les deux cas, ces réformes ont fait l'objet d'intenses débats que l'adoption des textes n'a pas fait cesser.

De part et d'autre, des arguments similaires ont été invoqués au soutien des réformes : attractivité des droits nationaux, accessibilité à la population, adaptation aux changements économiques et sociaux. Plus fondamentalement, sans doute, le constat d'une perte d'influence du droit commun par rapport à des législations spéciales en forte croissance justifiait l'intégration de certains de leurs mécanismes, et des valeurs qui les sous-tendent.

Ce temps des réformes, abouties ou non, devrait constituer l'orée d'un renouveau du droit des obligations, que ces rencontres internationales avaient pour objet de vérifier, dans une perspective comparatiste.

Gageons que ce mouvement législatif se poursuivra et que l'enrichissement mutuel de nos réflexions sur le droit des obligations donnera l'occasion de nouvelles rencontres académiques, autrement que par écrans interposés !

PREMIÈRE PARTIE

LE RENOUVEAU DU DROIT DES CONTRATS

L'information des contractants
Perspectives de droit français[1]

Gaël CHANTEPIE
Professeur à l'université de Lille
CRDP – ULR 4487, équipe René Demogue

1. Novatrice il y a encore quelques années, l'analyse juridique de l'information est devenue une question classique, presque convenue, en droit contemporain. Étudiée par la doctrine dans les différents champs du droit, en usant notamment des ressources de l'économie[2] ou de la linguistique[3] ; imposée par le législateur et le juge, en droit commun[4] ou dans les droits spéciaux[5], l'information demeure pourtant un sujet particulièrement débattu.

2. Cela tient, peut-être, à une certaine ambivalence dans son appréhension juridique. L'information est en effet saisie sous deux angles complémentaires, mais souvent confondus. Envisagée comme *l'action* visant à communiquer un renseignement, l'information est traitée comme un *devoir* pesant sur un contractant. D'origine légale ou contractuelle, ce devoir reposerait sur une exigence sociale de transparence, érigée en vertu individuelle. Appréhendée comme le *renseignement* possédé et transmis, l'information revêt une dimension *économique*. Transmettre une information revient à céder une valeur, incorporée à la prestation contractuelle, voire objet même de ladite prestation. Cette analyse explique peut-être que l'on utilise couramment la notion d'obligation d'information, de débiteur ou de créancier, particulièrement en droit des contrats.

---

[1] Le style oral de l'intervention a été préservé.
[2] M. FABRE-MAGNAN, *De l'obligation d'information dans les contrats*, LGDJ, 1992.
[3] B. DABOSVILLE, *L'information du salarié*, Dalloz, 2013.
[4] C. civ., art. 1112-1.
[5] V. not., C. consom., art. L. 111-1.

3. Or, parler de débiteur ou de créancier d'une obligation d'information permet de mettre l'accent sur une seconde ambivalence de l'information. Elle possède en effet une étonnante fluidité, qui ne se laisse pas enfermer dans la distinction classique entre les périodes de formation et d'exécution du contrat. L'information peut être indispensable en vue de la conclusion du contrat, entre des contractants potentiels, autant qu'après, entre partenaires contractuels.

4. Dans sa version *précontractuelle*, l'information participe d'une procéduralisation de la phase de formation du contrat. Mieux informé, le contractant serait à même d'affermir son choix, d'arbitrer entre les offres qui lui sont faites, voire de négocier. Transmettre les informations appropriées avant la conclusion du contrat pourrait même avoir une vertu prophylactique, en évitant les déceptions ultérieures, sources d'inévitables contentieux. Et même si la conclusion du contrat est le plus souvent dépourvue de toute négociation, désormais, l'information transmise de manière obligatoire serait l'une des conditions rendant possible le mécanisme des contrats d'adhésion[1]. Pour accepter, en bloc, une proposition contractuelle, il faut disposer de l'ensemble des informations relatives à la prestation fournie et au prix, ainsi qu'aux garanties, aux conditions de livraison, etc. En somme, la transmission de l'information au stade de l'offre commerciale ou des pourparlers précontractuels permettrait de réduire l'asymétrie de connaissance inhérente à la conclusion d'un contrat.

5. Dans sa version *contractuelle*, l'information relève des prestations accomplies par l'un des contractants. Accessoire d'une prestation principale, quand elle n'est pas l'objet même de la prestation principale (notamment dans des contrats de service), l'information permet de garantir la parfaite exécution du contrat. Elle procède alors, de manière plus générale, du devoir d'exécuter les contrats de bonne foi.

---

[1] C. civ., art. 1110, al. 2.

6. Précisément, la bonne foi, auparavant cantonnée par l'ancien article 1134, alinéa 3 du code civil, à l'exécution des contrats, a connu une promotion légale à l'occasion de la réforme du droit des obligations. Depuis l'ordonnance du 10 février 2016, l'article 1104 du code civil dispose que les contrats doivent être négociés, formés et exécutés de bonne foi. La bonne foi pourrait ainsi constituer un fondement juridique et rationnel de l'obligation d'information aux différents stades du contrat.

7. Exigence morale, un devoir d'information pèserait sur les contractants dès que s'engage un processus de conclusion du contrat jusqu'à l'achèvement des relations contractuelles. La valeur économique de l'information explique toutefois les vives réticences à l'égard d'une expansion illimitée des exigences pesant sur les contractants.

8. Pour le percevoir, il convient d'étudier l'information de manière statique, puis dynamique, en la considérant en soi et au sein de la relation contractuelle. Nous aborderons donc, en premier lieu, l'information requise (I), avant d'analyser, en second lieu, l'information transmise (II).

I. L'information requise

9. Le législateur et la jurisprudence ont développé des obligations d'information dans de multiples secteurs d'activité, avant de les élever au niveau du droit commun du contrat. La réglementation est désormais foisonnante, au point qu'elle apparaît difficile à systématiser. En s'attachant à l'information, prise en tant que contenu, il est possible de mettre au jour des traits communs aux différentes exigences imposées aux contractants. Cela conduit à envisager successivement ce que doivent faire les contractants et ce qu'ils ne peuvent pas faire, c'est-à-dire traiter de l'information positivement (A), puis négativement (B).

A. LA DIMENSION POSITIVE DE L'INFORMATION

10. Objet d'un devoir imposé à certains contractants, en fonction du type de contrats ou de la situation des parties, l'information doit présenter certaines qualités.

1) L'étendue de l'obligation d'information

11. Le champ des obligations d'information n'a cessé de croître dans le droit contemporain des contrats. Prévue initialement dans certains contrats, étendue progressivement par la jurisprudence avant d'être consacrée de manière générale par l'ordonnance du 10 février 2016, elle occupe une place considérable, au point qu'il serait vain de vouloir en présenter toutes les manifestations. Plutôt que de recenser les obligations d'information imposées, directement ou indirectement, aux contractants, il paraît préférable d'insister sur deux questions complémentaires.

12. La *première question* est celle de son caractère impératif. L'obligation d'information peut-elle être exclue ou aménagée par les parties ? Le législateur n'a jamais laissé aux parties une telle possibilité, l'obligation d'information présentant un caractère d'ordre public. Les droits spéciaux prévoyaient déjà, expressément ou non, le caractère impératif de la règle[1]. L'article 1112-1 du code civil l'a étendue au droit commun des contrats. Affirmant que les parties ne peuvent ni limiter, ni exclure le devoir d'information, ce texte évite que soit stipulée une clause de style l'écartant ou en réduisant la portée.

13. La difficulté demeure, cependant, pour les clauses qui, sans exclure radicalement l'obligation d'information, ni même se contenter d'en limiter la portée ou la sanction, aménagent la transmission de l'information entre les parties. Que penser, par exemple, d'une clause qui énumèrerait limitativement les informations qui présenteraient ? De

---

[1] V. not., C. consom., art. L. 111-8.

telles stipulations, qui auraient pour effet implicite, mais nécessaire, d'exclure d'autres informations, sont courantes dans le déroulement des négociations préalables à des cessions d'entreprise. La limitation du devoir d'information demeure indirecte, à la manière des clauses modifiant la teneur de l'obligation contractuelle qui ont pour effet, sinon pour objet, de limiter la responsabilité du débiteur contractuel. Le caractère impératif de la règle devrait justifier d'en étendre la portée aux clauses visant à limiter l'effectivité du devoir d'information.

14. La *seconde question* porte sur l'objet même de l'information requise. Celui qui dispose d'une information doit-il nécessairement la transmettre ? Et s'il lui avait été possible de la connaître, aurait-il dû réaliser des démarches en ce sens ? La première question ne devrait pas poser de difficulté particulière. Est tenu d'informer celui qui avait connaissance d'une information susceptible de présenter un intérêt pour son partenaire. Moralement, renseigner autrui revient à le placer dans un état de connaissance identique au sien. Juridiquement, néanmoins, il apparaît nécessaire de limiter le champ des informations exigées lors de la conclusion du contrat, afin d'éviter des recours excessifs, voire opportunistes. Envisagée sous un angle économique, la question de l'information a conduit à mettre au jour, au côté de l'obligation d'information ou de renseignement, un devoir de se renseigner à la charge du cocontractant. Celui-ci ne saurait se contenter d'attendre que l'information lui soit transmise, il devrait accomplir des diligences minimales afin d'obtenir l'information, soit par lui-même, soit auprès de son cocontractant. C'est l'adage *emptor debet esse curiosus* du droit de la vente. On perçoit qu'il est difficile de concilier les devoirs d'information et de se renseigner, du moins sans apprécier les qualités respectives des parties au contrat. En droit commun, il n'existe pas de position contractuelle prédéterminée, à la différence du droit de la consommation où les catégories de professionnel et de consommateur sont figées. Par conséquent, il convient d'apprécier *in concreto* la situation des parties. En revanche, l'intention des rédacteurs de l'ordonnance n'a pas été d'obliger un contractant à s'informer pour

informer[1]. La transmission demeure attachée aux informations qui étaient en sa possession, quelles qu'en soient les caractéristiques.

2) Les qualités de l'information requise

15. L'information requise présente deux caractéristiques importantes. *La première* touche à sa consistance même, puisque l'information désigne à la fois le genre et l'espèce. Or, en précisant la teneur de l'information, le législateur et la jurisprudence ont depuis longtemps distingué plusieurs variétés. À l'information, également dénommée, dans ce cas, renseignement, s'oppose le conseil. Si l'information ou le renseignement se caractérisent par leur objectivité, le conseil se démarque par sa prise en compte des attentes de l'autre partie. Subjectif, le conseil invite à une appréciation personnalisée de la situation du contractant[2]. De manière générale, on attendra généralement d'un contractant professionnel un conseil avisé, alors que les non-professionnels seront tenus d'une obligation d'information claire et appropriée, purement objective. L'ordonnance du 10 février 2016 n'a pas repris cette distinction classique d'origine prétorienne, mais elle devrait être maintenue par la jurisprudence.
À cela, il faut ajouter la manière de communiquer l'information. Si l'on exige généralement de l'information qu'elle soit claire, ce qui implique qu'elle soit accessible matériellement et intellectuellement par son destinataire, il arrive que soit exigé du contractant, tenu d'informer, qu'il attire particulièrement l'attention de son cocontractant sur l'information considérée. Dénommée alors mise en garde, cette obligation ne modifie pas tant la teneur de l'information, à la différence du conseil, que sa communication. Elle vise à s'assurer que le destinataire en perçoive le caractère déterminant.

---

[1] Rapport au Président de la République.
[2] Sur la distinction, v. not. Ph. MALAURIE, L. AYNÈS, Ph. STOFFEL-MUNCK, *Droit des obligations*, 9e éd., LGDJ, 2017, n° 777.

16. C'est en effet la *seconde caractéristique* de l'information requise, son caractère déterminant. L'effet attendu de l'information est pris en compte à deux stades. D'une part, l'article 1112-1 du code civil exige que l'information soit transmise lorsqu'elle présente une importance déterminante pour l'autre partie. Ce caractère déterminant, apprécié au regard du consentement de l'autre partie, est également une condition pour qu'un vice du consentement entraîne la nullité du contrat[1]. Encore faut-il distinguer, puisque certaines erreurs, quoique déterminantes du consentement, ne sauraient emporter la nullité, lorsqu'elles portent sur la valeur ou les motifs[2].

17. Quoi qu'il en soit de l'information relative à la valeur de la prestation, à ce stade, il faut noter que le caractère déterminant ne peut être apprécié de la même manière pour l'obligation d'information et pour les vices du consentement. Il est en effet possible qu'une information soit requise au titre de l'article 1112-1, sans pour autant présenter une influence suffisante sur le consentement pour justifier la nullité du contrat. Le contractant défaillant sera alors condamné au paiement de dommages et intérêts uniquement par le biais d'une action en responsabilité extracontractuelle. On revient alors à la valeur de l'information, qui a fait perdre au contractant une chance de négocier à un meilleur tarif. Il faut alors envisager l'information défectueuse, envisagée sous son côté négatif.

B. LA DIMENSION NEGATIVE DE L'INFORMATION

À l'information erronée, s'ajoute l'hypothèse plus complexe d'une information recelée.

---

[1] C. civ., art. 1130.
[2] C. civ., art. 1135.

1) L'information erronée

18. L'information erronée place son destinataire dans une situation particulièrement problématique. Ses attentes se sont en effet nourries, non pas d'un vague espoir forgé unilatéralement à partir de données incertaines ou optimistes, mais des déclarations de son partenaire. Si la sanction d'une telle information paraît évidente, il faut cependant s'interroger au préalable sur un éventuel seuil de gravité requis.

19. *Première question*, toute information erronée est-elle répréhensible ? On pourrait envisager de distinguer suivant trois critères : le caractère intentionnel ; l'importance de l'information ; les effets produits. Il ne revient pas au même de tromper intentionnellement son partenaire en lui fournissant de faux documents relatifs au kilométrage ou aux réparations effectuées sur un véhicule d'occasion ou de transmettre, sans le savoir, des informations imprécises sur des éléments accessoires de la prestation fournie, dont l'effet probable demeurait sans doute dérisoire pour leur destinataire. Ce type de raisonnement *in concreto* est cependant discutable, notamment lorsqu'il faut le concilier avec des exigences d'effectivité de la sanction. Ainsi, en droit de la consommation, sont parfois prévues des sanctions du manquement à une obligation d'information, par exemple en matière de crédit immobilier, du fait de la sanction prévue, la déchéance du droit aux intérêts[1]. Certains auteurs considèrent que la seule violation d'une obligation d'information par le professionnel ne saurait entraîner la nullité du contrat, sans que le cocontractant ait subi un vice déterminant de son consentement[2]. Compte tenu du caractère d'ordre public de l'obligation générale d'information du consommateur, on peut cependant estimer qu'une sanction autonome, distincte de celle attachée aux vices du consentement de droit commun, serait légitime, ce qui

---

[1] C. consom., art. L. 341-25.
[2] V. en ce sens, J.-D. PELLIER, « Le nouveau droit contractuel du tourisme », *RDC* 2018, p. 414.

entraînerait la nullité facultative du contrat, le juge disposant d'un pouvoir d'appréciation en fonction des circonstances de l'espèce[1].

20. À s'en tenir même au droit commun des contrats, la question appelle une réponse nuancée, ce que l'exemple du *bonus dolus* permet d'illustrer. Il était classiquement enseigné qu'une exagération raisonnable des qualités d'un produit relevait de la marge acceptable dans les relations commerciales et qu'on ne saurait sanctionner un tel comportement sur le terrain des vices du consentement, en l'occurrence du dol. Cette analyse était sans doute devenue erronée dans les relations entre professionnels et consommateurs, du fait de la précision des informations requises et de la prohibition des pratiques commerciales trompeuses. Mais avec la généralisation d'une obligation d'information en droit commun, est-il possible de fournir des informations exagérant les qualités de la prestation fournie ? Soit l'information demeurait d'un intérêt restreint, et son effet n'était pas suffisamment important pour présenter un caractère déterminant ; soit elle présentait un caractère déterminant, et l'on voit mal comment pourrait être justifiée une information approximative ou grossièrement fallacieuse.

21. Néanmoins, *seconde question*, l'effet de l'information erronée demeure parfois limité. À cet égard, certains textes spéciaux ont parfois instauré une obligation d'information dont le non-respect était dépourvu de toute sanction. Ainsi, notamment, à l'occasion de la vente d'un immeuble, un diagnostic de performance énergétique est réalisé, lequel mentionne la quantité d'énergie effectivement consommée, ainsi que des recommandations pour améliorer les caractéristiques de l'immeuble[2]. Afin d'éviter toute action, il était prévu que « L'acquéreur ne peut se prévaloir à l'encontre du propriétaire des informations contenues dans le diagnostic de performance énergétique qui n'a

[1] En ce sens, v. S. BERNHEIM-DESVAUX et N. SAUPHANOR-BROUILLAUD, « Pas de nullité sans texte ? L'exemple de l'obligation générale d'information précontractuelle en droit de la consommation », *RDC* 2018, p. 122.
[2] CCH, art. L. 134-1.

qu'une valeur informative »[1]. En d'autres termes, il importait peu que les informations soient erronées, dans les rapports entre vendeur et acquéreur, ce qui limitait considérablement l'intérêt d'un tel diagnostic. Depuis la loi du 23 novembre 2018, la rédaction du texte a changé. À l'occasion de la transmission d'un diagnostic de performance énergétique, exigé pour toute vente d'immeuble ou location d'un immeuble d'habitation, l'acquéreur ou le locataire ne peuvent se prévaloir, à l'encontre du propriétaire, « des recommandations accompagnant le diagnostic de performance énergétique qui n'ont qu'une valeur informative »[2]. Si l'information erronée peut désormais être sanctionnée, les conseils transmis au propriétaire ne sauraient disposer d'un effet normatif, ils sont simplement destinés à permettre d'affiner une décision de conclure ou non le contrat.

2) L'information recelée

22. La situation la plus délicate réside dans l'absence de transmission d'une information. L'abstention ou l'omission sont difficiles à saisir juridiquement, car l'intention du contractant demeure incertaine. L'article 1112-1 du code civil pourrait régler la question en droit commun, en imposant une obligation générale d'information. Le contractant qui ne révèle pas une information requise commet alors une faute civile, peu important son intention de tromper.

23. Cette solution rigoureuse suppose cependant que l'obligation d'information soit imposée. Or, il n'en va pas ainsi lorsqu'elle ne présentait pas un caractère déterminant, ni même, en dépit de l'importance d'une telle information, lorsqu'elle porte sur l'estimation de la valeur de la prestation fournie. Il en irait, en effet, de la préservation de l'efficacité de la règle d'indifférence de la lésion en droit français. Même si l'argument confond l'effet (la lésion) et sa cause

---

[1] CCH, art. L. 271-1, dernier alinéa (rédaction en vigueur jusqu'au 31 décembre 2020).

[2] CCH, art. L. 134-3-1 ; CCH, art. L. 271-1, dernier alinéa (rédaction issue de la loi n° 2018-1021 du 23 nov. 2018, en vigueur à compter du 1er janvier 2021).

(erreur sur la valeur, éventuellement provoquée par le manquement à une obligation d'information), la solution est affirmée par l'article 1112-1.

24. En irait-il différemment lorsque l'information a été sciemment dissimulée, afin de tromper son contractant ? Alors que la rédaction initiale de l'ordonnance permettait de sanctionner par la nullité les déloyautés les plus flagrantes, même lorsqu'elles portaient sur l'équilibre économique du contrat, le législateur a restreint la portée de la réticence dolosive à l'occasion de la loi de ratification, suite à l'intervention des milieux économiques et de la majorité de la doctrine. En pratique, la valeur de la prestation fait l'objet d'un traitement totalement dérogatoire, peu important la qualité des parties, leurs relations antérieures ou à venir. Rien ne saurait entraver, semble-t-il, la liberté de faire de bonnes affaires. On espère que cette promotion de la mauvaise foi permettra au droit français d'être attractif sur la scène internationale, à défaut de pouvoir servir de modèle de vertu.

II. L'information transmise

25. Transmettre l'information implique de s'intéresser aux parties intéressées, autant qu'à l'action mise en œuvre. Nous étudierons donc, d'une part, les acteurs de la transmission (A), avant de nous attacher, d'autre part, au processus de transmission (B).

A. LES ACTEURS DE LA TRANSMISSION DE L'INFORMATION

26. L'information fait l'objet d'un acte de communication entre les contractants. Transposant une terminologie usuelle en linguistique, cet acte peut être décomposé entre la phase d'émission et celle de réception. Même s'il paraît plus logique de s'attarder sur l'émetteur de l'information, le destinataire ne peut être négligé.

1) L'émetteur de l'information

L'émetteur de l'information ne peut être traité de manière identique suivant ses qualités.

27. *Première hypothèse*, les professionnels constituent la catégorie la plus évidente du fait du nombre important de textes légaux les astreignant à une obligation d'information. Le plus souvent, le professionnel est tenu d'une obligation d'information à l'égard de son cocontractant. Le droit commun des obligations, préservant la solution classique d'une indifférenciation selon la qualité des parties, ne renforce pas l'obligation à l'égard du contractant professionnel. Néanmoins, il est probable que le professionnel soit réputé connaître toutes les informations relatives à la prestation fournie, ce qui l'oblige à les transmettre lorsqu'elles sont déterminantes. La qualité de professionnel justifie une exigence accrue, ce dont témoignent les multiples obligations d'information instaurées en droit de la consommation. De telles obligations existent également dans les relations entre professionnels, notamment lors de la cession d'un fonds de commerce ou avant l'entrée dans un réseau de distribution. Dans ces hypothèses, la qualité de professionnel atteste d'une connaissance de la prestation justifiant la transmission de l'information. On ne peut cependant faire abstraction du rapport inégalitaire, même dans les relations entre professionnels, qui sous-tend ces obligations d'information d'origine légale.

28. Il arrive également que des professionnels interviennent au cours de la période précontractuelle, sans acquérir la qualité de partie au contrat. Ces « parties à la négociation » sont principalement les intermédiaires et les rédacteurs d'actes, notamment les notaires et avocats. Ils sont tenus, d'une part, en tant qu'ils assistent le contractant. Garantissant la validité et l'efficacité de l'acte qu'ils instrumentent, ils supportent la charge d'une obligation d'information portant sur l'aspect juridique, voire économique, du contrat projeté. Ils peuvent également, d'autre

part, intervenir dans la phase technique de l'élaboration du contrat. C'est le cas des nombreux experts qui attestent des qualités du bien ou déterminent la valeur de l'entreprise cédée. Récemment, la Cour de cassation a jugé que le dossier de diagnostic technique annexé à l'acte de vente d'un immeuble « garantit l'acquéreur contre le risque » et que l'expert ayant transmis une information erronée à l'occasion d'un diagnostic amiante était donc tenu du coût de la remise en état des lieux[1]. Alors que le vendeur était tenu d'une obligation d'information à l'égard de l'acquéreur, c'est le professionnel qui se retrouve seul obligé, ce qui s'explique peut-être par la qualité des parties au contrat, toutes deux non-professionnelles.

29. En effet, *seconde hypothèse*, le contractant non-professionnel n'en est pas moins tenu d'une obligation d'informer son contractant, quoique les exigences le concernant soient moindres. Si l'article 1112-1 du code civil a introduit l'obligation d'information en droit commun des contrats, elle existait déjà, même en dehors des droits spéciaux. Dans de nombreux contrats conclus entre non-professionnels, existe une réglementation spéciale qui modifie les exigences relatives à l'information à transmettre. Ainsi, en matière de vente immobilière, le législateur a imposé aux vendeurs la transmission, préalable à la vente, d'un dossier de diagnostic technique, lequel comprend des informations relatives à la structure de l'immeuble (présence d'amiante, de termites, de mérule, etc.) et à ses fonctions (état de l'installation électrique, assainissement, performance énergétique, etc.). Ces différentes informations fournies par le vendeur sont le plus souvent acquises moyennant l'intervention d'un expert, un diagnostiqueur. En matière de location d'un immeuble destiné à un usage d'habitation, le bailleur, même non-professionnel, doit de même fournir des informations similaires, quoique moins complètes[2]. Il revient donc à l'un des contractants, à raison de sa qualité de propriétaire d'un bien, et non de

---

[1] Ch. Mixte, 8 juill. 2015, n° 13-26.686 ; *D.* 2015, 2155, note D. MAZEAUD ; *RDC* 2015, p. 849, obs. O. DESHAYES.

[2] Loi 6 juill. 1989, art. 3-3. *Adde*, pour les informations relatives à un logement dans un immeuble en copropriété, art. 3.

professionnel de l'immobilier, de réaliser diverses démarches afin de fournir une information complète et appropriée à son partenaire. Cela appelle deux remarques. Sur le plan théorique, cette situation traduit la valeur économique de l'information transmise, conçue comme un accessoire du bien acquis ou loué. C'est particulièrement vrai pour le diagnostic de performance énergétique, qui classe les biens suivant leur consommation d'énergie et permet donc de réintégrer dans le prix d'achat le coût de revient du bien à l'usage. Sur le plan pratique, l'utilisation des droits spéciaux présente une limite importante. Si le propriétaire du bien n'a pas connaissance d'une information qui ne figurait pas dans la liste légale, il n'est pas censé effectuer des recherches afin de la transmettre. C'est ainsi que le droit commun, même après la réforme de 2016, ne permet pas de combler toutes les lacunes des droits spéciaux. Par exemple, en cas d'infestation par un mérule, champignon invasif qui attaque la structure d'un immeuble, particulièrement dans le nord de la France, il fallait montrer, avant l'intervention du législateur en 2014[1], que le vendeur en avait eu connaissance. Cela revenait à imposer une grande diligence au destinataire de l'information.

2) Le destinataire de l'information

30. L'information reçue varie-t-elle suivant les qualités du destinataire ? En droit commun, ce critère n'exerce aucune influence, l'article 1112-1 du code civil mentionnant seulement l'ignorance légitime de l'information ou la confiance légitime en son cocontractant. Derrière ces deux critères, on ne retrouve pas exactement la distinction entre professionnel et non-professionnel, ni même nécessairement une prise en compte de la qualité du destinataire. La légitimité appelle en effet une analyse du comportement du contractant, plus que de sa situation. L'ignorance est légitime lorsque l'information n'était pas accessible aisément. La jurisprudence avait par exemple considéré que le défaut

[1] CCH, art. L. 217-4, 9°, qui limite l'information aux zones prévues à l'article L. 133-8 du même code.

d'information portant sur certains éléments n'était pas sanctionnable, parce qu'ils étaient connus ou auraient dû l'être, compte tenu de leur diffusion dans la presse économique. De manière sous-jacente, c'est le caractère illégitime de l'ignorance qui justifie l'absence d'obligation d'information portant sur la valeur du bien, même si le législateur a précisé expressément cette exclusion. Quant à la confiance légitime, elle impose également la transmission de l'information. Dans cette hypothèse, la relation entre les parties justifie que le destinataire s'attende à recevoir une information complète de son partenaire. C'est le cas, bien sûr, dans des relations familiales, dans certains types de relations sociétaires, ou dans les contrats créant un rapport d'intermédiation. Ce pourrait également être le cas, quoique de manière plus discutable, lorsque la situation des parties, l'asymétrie qui existe entre eux, place le destinataire dans une situation de passivité. On pourrait y songer, par exemple, pour les contrats d'adhésion. Il n'est pas certain, cependant, que cette solution soit retenue, puisque le droit commun utilise un critère concret et relationnel, plutôt qu'un critère abstrait et unilatéral.

B. LE PROCESSUS DE TRANSMISSION DE L'INFORMATION

31. L'information est une donnée transmise, elle fait l'objet d'un acte de communication. Il faut notamment s'assurer que le message parvienne effectivement et efficacement au destinataire, notamment en s'assurant de sa présentation formelle. À s'en tenir aux questions pratiques, cela suscite deux problèmes associés : le moment de la transmission de l'information, la preuve de cette transmission.

1) Le moment de la transmission de l'information

32. Le moment de la transmission de l'information demeurait une difficulté majeure que l'ordonnance de 2016 n'a qu'imparfaitement résolu d'un point de vue rationnel. L'information peut en effet être transmise avant la conclusion du contrat, en vue de sa formation, ou au

cours de l'exécution du contrat, afin de permettre la parfaite exécution des prestations. Il arrive que l'information varie au fil du temps, entre les phases contractuelles, mais elle est parfois strictement identique. Ainsi, notamment, lorsque le contrat s'exécute dans la durée, il est courant qu'une information transmise avant la conclusion le soit de nouveau à échéance régulière. Même si elle ne s'y réduit pas, l'obligation d'assistance mise à la charge du franchiseur constitue le prolongement direct de l'obligation d'information qui lui était imposée à l'égard de tout candidat franchisé, le franchiseur étant tenu de prodiguer des conseils favorisant la réussite commerciale[1]. L'information transmise évolue, certes, mais du fait des variations du marché, des innovations techniques ou commerciales, bref, du fait de la durée du contrat.

33. Certes, on peut alors utiliser un critère purement chronologique pour analyser la nature de l'obligation suivant qu'elle ait précédé la conclusion – devoir extracontractuel – ou qu'elle ait été transmise au cours des effets du contrat – obligation contractuelle. Il y a toutefois une part d'artifice à traiter différemment une information identique, dont l'utilité se révèle avant et après la naissance du rapport contractuel. La question s'est parfois posée de manière caricaturale, lorsque le renouvellement du contrat conduirait à transmettre de nouveau une information dédiée aux candidats. La Cour de cassation a ainsi jugé que le concédant agréant un nouveau concessionnaire succédant au précédent au terme d'une cession de contrat, était tenu de fournir « à son nouveau cocontractant les informations lui permettant de s'engager en connaissance de cause à exécuter le contrat de concession »[2]. Elle a même retenu qu'en cas de reconduction tacite, ou de renouvellement, du contrat entre les mêmes parties, l'information devait être de nouveau délivrée[3].

---

[1] D. FERRIER et N. FERRIER, *Droit de la distribution*, 8e éd., LexisNexis, 2017, n° 762.
[2] Com., 21 févr. 2012, n° 11-13.653, *Bull. civ.* IV, n° 39.
[3] Com., 14 janv. 2003, n° 00-11.781 ; *RTD civ.* 2003, p. 497, obs. J. MESTRE et B. FAGES.

2) Preuve de la transmission

34. Second écueil de la transmission de l'information, celui de sa preuve. La question est connue mais mérite d'être évoquée, en raison de ses fortes implications pratiques. Alors que classiquement, la jurisprudence faisait de l'ancien article 1315 du code civil une lecture suivant laquelle il revenait à celui qui prétendait ne pas avoir été informé de démontrer cette absence d'information, la jurisprudence avait opéré un revirement spectaculaire en 1997. Depuis cette date, il revient au contractant tenu d'une obligation d'information de démontrer qu'il s'en est acquitté. Reprise en droit de la consommation, la règle figure désormais en droit commun. L'article 1112-1 du code civil prévoit en effet qu'il incombe à celui qui prétend qu'une information lui était due de prouver que l'autre partie la lui devait, à charge pour cette autre partie de prouver qu'elle l'a fournie. Sans établir une répartition équilibrée du fardeau de la preuve entre les parties, comme c'est parfois le cas en droit social notamment, l'article 1112-1 oblige les parties à anticiper la preuve de la transmission de l'information, ce qui devrait renforcer la place de l'écrit. Or, si certaines législations spéciales prévoient clairement le contenu des documents transmis, dossier de diagnostic technique dans la vente immobilière, document d'information précontractuel dans les contrats de franchise, la diversité du droit commun rend l'effectivité du mécanisme plus douteuse. Cette question de la preuve illustre cependant la volonté du législateur de parvenir à une répartition équilibrée de la charge de l'information entre les contractants, assignant des exigences tant à l'émetteur qu'au destinataire.

35. Cet équilibre entre les parties renvoie à la nécessaire conciliation entre les fondements, moral et économique, et les finalités, assurer l'égalité des contractants et préserver la stabilité contractuelle, assignées à l'obligation d'information en droit des contrats.

L'information des contractants
Perspectives de droit japonais

Kazuma YAMASHIRO
Professeur à l'Université Waseda

1. Il va sans dire que l'information joue un rôle considérable dans le droit privé contemporain[1], notamment en matière de droit des contrats. Dans le droit japonais, c'est particulièrement la phase précontractuelle qui a concentré les réflexions sur l'information des contractants ; en effet, dans le modèle traditionnel de la conclusion du contrat, selon lequel la force obligatoire du contrat repose sur la volonté des parties, les informations sont envisagées comme une base indispensable de la décision contractuelle en ce qu'elles permettent de réfléchir aux avantages d'une certaine affaire. C'est pourquoi nous allons ici limiter notre réflexion à cet aspect, alors même que le droit japonais n'ignore pas la distinction entre la phase précontractuelle et la phase contractuelle dans la discussion sur l'obligation d'information en matière du droit civil[2].

2. Pour autant, même si l'on délimite ainsi le thème de la communication, le rôle de l'information ne peut pas se réduire à une seule vision. En effet, si l'on envisage l'information dans le domaine du contrat de consommation, elle montre au moins deux aspects différents. D'une part, pour conclure un contrat valablement, la volonté de chacun des contractants doit être suffisamment éclairée. C'est la raison pour laquelle le contractant peut soit annuler le contrat dans la mesure où il l'a conclu sans être suffisamment informé, soit demander des dommages et intérêts lorsque son partenaire est fautif pour un manquement à l'obligation d'information. Or, dans ces deux cas, la

---

[1] Pour divers aspects juridiques de la question de l'information, v. B. FAUVARQUE-COSSON et Y. ITO, *L'information : VIIIe Journées juridiques franco-japonaises, 26-27 septembre 2011, Tokyo*, SLC, 2012.
[2] Cour suprême, 22 février 2011, Minshû vol. 65, n° 3, p. 1405.

question reste dans le domaine propre au droit privé ; il s'agit ici du rapport horizontal entre deux personnes privées, qui existe à la base de la théorie classique du droit privé[1]. D'autre part, on reconnaît bien que la prise de décision en connaissance de cause est une condition nécessaire au développement juste du marché. Dans son premier article, la loi sur le contrat de consommation affirme nettement cette idée ; cette loi a pour finalité « *de protéger les intérêts des consommateurs et, par ce biais, de stabiliser et améliorer la vie des citoyens et de contribuer au développement juste de l'économie nationale* ». Cette finalité affirmée est d'autant plus significative que la loi admet plusieurs causes d'annulation du contrat en faveur du consommateur. En effet, dans le même article, la loi exprime l'idée selon laquelle « *l'asymétrie de la qualité et de la quantité des informations détenues ainsi que des pouvoirs dans la négociation* » justifie « *l'annulation de la déclaration de volonté de l'offre ou de l'acceptation qui a été donnée sous l'influence de la mauvaise connaissance ou de l'embarras suscité par certains agissements du professionnel* ». Si l'on suit fidèlement cette dernière conception, le rôle de l'information ne se limite pas à l'ajustement du rapport horizontal entre les deux personnes privées, tel que conçu par la vision classique du droit des contrats ; il s'inscrit ici dans le rapport vertical en ce que la relation entre les personnes privées doit être contrôlée du point de vue du marché et de l'économie nationale[2].

3. Cependant, *de lege lata*, l'information au sein de ce rapport vertical a peu d'influence directe sur le droit des contrats. En effet, d'une part, la loi ne considère pas que l'insuffisance de l'information en soi peut être une cause autonome d'annulation du contrat ; d'autre part, même si la loi exige que le professionnel informe le consommateur sur ses droits et obligations ainsi que sur le contenu du contrat de consommation, ce devoir n'a aucun effet d'ordre juridique : il s'agit

---

[1] R. LIBCHABER, « Là où la société le conduira..., » *JCP G* 2018, n° 28, p. 1381.
[2] Ph. STOFFEL-MUNCK, « L'autonomie du droit contractuel de la consommation : d'une logique civiliste à une logique de régulation », *RTD com.* 2012, p. 705.

d'un devoir de fournir les efforts nécessaires pour mieux informer le consommateur (art. 3, al. 1 de la loi). En d'autres termes, le manquement à cette obligation n'engage pas systématiquement le professionnel à la réparation des dommages causés au consommateur. Cela revient à dire que l'insuffisance d'information dans le rapport vertical est toujours appréciée à l'aune du rapport horizontal pour qu'elle ait une influence quelconque sur le rapport contractuel[1]. S'il est vrai qu'on peut se demander s'il est pertinent de souligner le caractère autonome de la réglementation du contrat de consommation en tant que droit du marché, l'état actuel ne permet de parler d'une telle conception que *de lege ferenda.*

4. C'est pour cette raison que nous allons nous focaliser sur les questions d'information soulevées dans les rapports entre un professionnel et un consommateur, en tant qu'ils sont tous deux des personnes privées. Cependant, même en adoptant cette perspective classique, le rôle de l'information demeure problématique. En effet, le droit japonais peut se caractériser par sa pauvreté en ce qui concerne la théorie du vice du consentement (**I**) et par le rôle considérable de la responsabilité précontractuelle qui complète cette inefficacité (**II**). Ce constat nous semble d'autant plus intéressant qu'il paraît faire contraste avec le droit français. La Cour de cassation n'hésite ainsi pas à déclarer la nullité du contrat pour dol, qui se trouve parfois dans une simple réticence.

---

[1] Du point de vue traditionnellement partagé, les règles de droit public n'ont pas d'impact direct dans le domaine du droit privé. Cette séparation entre le droit public et le droit privé devient un obstacle pour l'interaction entre les règles de droit privé et celles ayant pour but de réglementer le marché ; la violation de ces règles ne fonde pas systématiquement la responsabilité de l'auteur, même lorsqu'elle a causé un dommage au consommateur. On a estimé que la plupart des lois spéciales ayant pour but de protéger les intérêts du consommateur relèvent de cette dernière catégorie, ce qu'on appelle « gyô hô », c'est-à-dire les règles particulières dont la portée est précisée pour réglementer les activités de certains acteurs.

I. L'anéantissement du contrat pour cause de vice du consentement

5. À l'instar du droit français, le Code civil japonais, le *Minpô*, distingue trois catégories de vice du consentement : l'erreur, le dol et la violence. Il est évident que l'information a un lien direct avec les deux premières catégories. Toutefois, malgré cette ressemblance entre le droit français et le droit japonais, l'application de ces techniques en droit japonais n'est pas semblable à celle du droit français, laquelle nous semble en pratique plus active. En effet, une des caractéristiques significatives du droit japonais est l'inactivité de la jurisprudence en matière de dol ; il est dit que le dol, tel que conçu dans le droit commun, n'est pas opérationnel parce que ses conditions sont trop rigides. De cette situation découlent deux conséquences qui concernent, premièrement, le rôle du droit spécial qui atténue cette rigidité des conditions du dol en matière du contrat de consommation (**A**) et, deuxièmement, sur le plan du droit commun, le gonflement du domaine de l'erreur afin de rendre annulable le contrat conclu sans une volonté suffisamment éclairée. Cependant, l'erreur du droit commun n'est pas non plus efficace pour protéger le consommateur parce qu'elle doit concerner un « élément essentiel » de l'acte juridique, qui a été reformulé à l'occasion de la réforme du droit des obligations et des contrats en 2017 (**B**).

A. L'ERREUR PROVOQUÉE PAR LA FAUTE INTENTIONNELLE

6. Alors que le *Minpô* a nettement affirmé que le dol peut vicier le consentement (art. 96, al. 1), le juge n'applique que rarement cette disposition. Les conditions du dol s'analysent pareillement à celles du droit français : elles consistent en un élément objectif, les manœuvres dolosives, et un élément subjectif, l'intention dolosive. Pour expliquer l'inactivité des juges en la matière, il faut noter que chacune de ces conditions s'interprète de manière stricte. Le premier indice de la rigidité de l'interprétation des conditions du dol se trouve dans celle relative à l'intention dolosive. Pour caractériser cette intention, le contractant doit d'une part connaître et vouloir les deux conséquences

distinctes du dol au moment de la conclusion du contrat. D'une part, il doit savoir que la victime a commis une erreur à cause de la manœuvre qu'il a exercée. Encore, d'autre part, faut-il qu'il ait prévu que la victime émettrait sa déclaration de volonté en conséquence de cette erreur. Il est également à noter que les juges ont refusé d'admettre une présomption pour constater ces éléments subjectifs, de sorte que la victime se heurte à une extrême difficulté pour prouver ce qui a été prévu par son cocontractant. Le deuxième obstacle pour l'application du dol découle d'une exception traditionnellement reconnue en cette matière : le *dolus bonus*. En effet, il est admis que chacun des contractants peut mentir dans une certaine mesure pour tirer un profit d'un contrat à conclure. Cela revient à dire qu'il est aux risques et périls de chacun des cocontractants de se renseigner sur les éléments déterminants de son consentement. Un tel argument est préféré notamment dans l'hypothèse où il s'agit d'une opération de capitalisation, dont le profit est largement tributaire de la tendance du marché.

7. Cette situation explique aussi la raison pour laquelle la réticence dolosive est peu utilisée. En droit français, M. Jacques Ghestin a proposé une règle selon laquelle « *la réticence dolosive rend toujours excusable l'erreur provoquée* [1]», et la haute juridiction s'est ralliée à cette proposition[2]. À notre impression, consolidée par une série d'applications de la technique de présomption reconnue pour constater l'intention dolosive, la thèse de M. Ghestin a pour conséquence de justifier l'annulation du contrat à la condition qu'une partie ait tiré un avantage de l'erreur de la part de son cocontractant en la connaissant. Tel n'est pas le cas en droit japonais puisque la considération portée au

---

[1] V. J. GHESTIN, « La réticence dolosive rend toujours excusable l'erreur provoquée. Une règle de nature à induire en erreur ? », *JCP G*, 2012, p. 1358.

[2] Cass. 3e civ., 21 février 2001, *Bull. civ.* III, n° 20 ; *D.* 2001, 2702, note D. MAZEAUD; *RTD civ.* 2001, 353, obs. J. MESTRE et B. FAGES ; *JCP* 2001, I, 330, obs. A. Ë. ; *Defrénois* 2001, 703, obs. R. LIBCHABER ; *D.* 2001, somm., 3236, obs. L. AYNÈS ; *JCP* 2002, II, 10027, note Ch. JAMIN ; *JCP E*, 2002, 764, note P. CHAUVEL ; *D.* 2002, 927, obs. Ch. CARON et O. TOURNAFOND.

devoir de se renseigner est puissante, et la simple connaissance de l'erreur du cocontractant n'est pas suffisante pour bouleverser l'efficacité du contrat. En d'autres termes, une telle réticence ne qualifie pas la mauvaise foi.

8. Toutes ces difficultés du droit commun ont appelé l'introduction d'un régime spécial du vice du consentement dans le droit de la consommation ; celui-ci a été mis en place par l'article 4 de la loi de 2001 sur le contrat de consommation. L'intention du législateur était d'élargir, premièrement, le domaine du dol au cas où le consommateur a conclu le contrat sous l'influence de la mauvaise connaissance, non pas l'erreur, et, deuxièmement, celui de la violence à l'hypothèse de l'embarras, non pas la crainte qui est requise pour justifier la violence dans le droit commun. Les situations visées par cette loi étant extrêmement concrètes notamment après les deux réformes successivement réalisées en 2016 et 2018, il serait inutile d'entrer dans le détail de cette disposition[1]. En prenant quelque exemple des circonstances intéressées par cet article, nous nous contenterons de tracer son contour pour souligner ses éventuels impacts sur le développement du droit commun des contrats. L'innovation apportée par ces deux réformes est l'augmentation des causes d'annulation du contrat. À titre d'exemple, nous choisirons ici deux situations énumérées par la loi, qui justifient l'anéantissement du contrat. La première hypothèse est l'exploitation de la préoccupation portant sur la réalisation de certains désirs de la vie quotidienne (art. 4, al. 3, 3°) : l'accès à l'enseignement supérieur, l'obtention d'un emploi, le mariage, les moyens de gagner la vie (i)), ou l'esthétique corporelle (ii)). La seconde hypothèse concerne l'exploitation du sentiment d'affection (art. 4, al. 3, 4°), qui est aussi une méthode commerciale assez répandue au Japon[2]. Selon la conception du législateur, ces deux cas relèvent de la catégorie de l'embarras dont il a reconnu un caractère commun avec la violence en ce qu'un des contractants a extorqué la volonté de son

---

[1] Pour la traduction de cet article, v. *infra*, l'appendice.
[2] V. par ex., Cour d'appel de Nagoya, 19 février 2009, Hanreijihô, vol. 2047, p. 122.

cocontractant pour conclure un contrat ; ce qui est montré par la place de ces dispositions, qui sont juxtaposées aux catégories de l'embarras initialement reconnues en 2001 : le refus de sortir de la résidence du consommateur en cas de vente à domicile (art. 4, al. 3, 1°) et l'empêchement de sortir du bureau du professionnel au cours de la négociation précontractuelle (art. 4, al. 3, 2°).

9. Pourtant, s'il est vrai que l'embarras reconnu à l'origine par le législateur a une parenté avec la violence, il me semble douteux que les causes introduites par les récentes réformes partagent cette parenté dans la mesure où il ne s'agit pas de l'exercice de la force pour obtenir la déclaration de volonté ; au lieu de cette exigence, dans les deux cas que nous venons de citer, le législateur a requis que le consommateur soit trompé sur l'utilité du contrat, même si son erreur ne concerne pas le caractère de la prestation, mais le motif de la conclusion du contrat. Cette lecture des nouveaux textes suscite l'impression qu'ils se rapprochent plutôt du domaine de la mauvaise connaissance. L'exigence du « *manque d'expérience dans la vie sociale* » dans chacune des hypothèses accrédite cette interprétation ; elle peut s'expliquer par le fait que ces dispositions visent la difficulté pour le consommateur de connaître et analyser sa situation. Dans cette perspective, on pourrait également estimer que les nouvelles dispositions ont pour fonction d'interdire aux juges de prendre en compte l'exception du *dolus bonus*.

10. Ainsi, il nous semble, en vérité, que le législateur a créé des causes d'annulation du contrat, qui ne peuvent être proprement classées ni dans la catégorie de la mauvaise connaissance ni dans celle de l'embarras ; l'idée est que l'annulation du contrat se justifie lorsque le consommateur a été amené à donner son consentement par des agissements abusifs du professionnel, mais seulement dans les circonstances spécifiques visées par la loi. Cette ambiguïté de la classification montre que le schème de l'information dans le sens classique est relativisé. Pour sanctionner le dol, la théorie classique du

vice du consentement suppose que le consommateur peut prendre pertinemment une décision basée sur une information complète. Cependant, le développement de l'économie comportementale a mis en lumière le fait que la capacité cognitive de l'homme est tellement faible qu'il ne peut échapper à toutes les erreurs même s'il est informé de manière parfaite[1]. Si l'on essaye d'analyser les nouvelles dispositions sous cet angle, leur nouveauté peut se trouver dans le fait qu'elles ont fait un pas vers l'admission d'une cause générale d'annulation du contrat dans le cas où le consommateur a émis une déclaration de volonté par quelques agissements injustifiés de la part du professionnel. Certes, la loi limite le domaine de ces dispositions à quelques hypothèses très particulières, mais une telle limitation ne peut se fonder sur aucune raison d'ordre logique ; le législateur s'est contenté d'aborder les domaines pour lesquels la nécessité de la réglementation a été unanimement admise. On verra une similaire timidité du législateur, qui suit de manière extrêmement stricte le *consensus* des secteurs concernés, dans la discussion législative à propos de l'erreur.

B. L'ERREUR SPONTANÉE OU L'ERREUR PROVOQUÉE PAR LA NÉGLIGENCE

11. Dès lors que le dol ne peut être facilement caractérisé, il est plausible que le juge lui préfère l'erreur afin de justifier l'annulation du contrat pour vice du consentement. Cette solution semble *a priori* favorable au consommateur dans la mesure où l'erreur ne requiert pas une faute intentionnelle de la part du professionnel. Cependant, cette tentative n'a pas non plus réussi à répondre suffisamment aux exigences de la protection du consommateur ; l'erreur n'est pas non plus soustraite à sa propre difficulté.

12. La refonte de la disposition sur l'erreur était l'une des plus grandes préoccupations du législateur de 2017. Témoin de l'esprit laconique du

[1] V. parmi d'autres R. THALER et C. SUNSTEIN, *Nudge. La méthode douce pour inspirer la bonne décision*, Vuibert, 2010.

législateur initial, l'ex-article 95 n'a pas précisé la règle sur l'erreur ; selon cet article, « *la déclaration de volonté est nulle, lorsqu'il y a erreur sur les éléments essentiels de l'acte juridique* ». Comme le montre ce texte, tout dépendait de l'interprétation du terme « *les éléments essentiels* » pour discerner dans quel cas le contrat pouvait être annulé pour erreur. Afin de préciser les conditions de l'annulation du contrat, le législateur a retenu une classification qui distingue deux types d'erreurs. Le premier type, « *l'erreur qui découle de la discordance entre la volonté déclarée et la volonté interne* » a puisé sa conception dans la distinction adoptée par le droit allemand. L'utilisation du terme « *volonté* » dans cette disposition sous-entend l'indifférence de l'erreur sur les motifs ; le terme « *volonté* » ne désigne pas l'ensemble de l'état psychologique de l'auteur de la déclaration de volonté, mais uniquement son intention destinée à produire certains effets de droit. À l'inverse, la seconde alternative vise l'erreur portant sur un élément qui ne figure pas dans le champ contractuel par sa nature. Ne connaissant pas la notion de cause, le droit japonais a élargi le champ d'application de l'erreur pour admettre l'annulation du contrat dans le cas où le but du contrat pour un des contractants n'est pas atteint comme prévu au moment de la conclusion du contrat. Ainsi, la jurisprudence a redéfini la notion d'erreur ; le contrat est annulable lorsque l'erreur concerne le motif « *qui a été exprimé et entré dans le contenu de l'acte juridique* »[1]. C'est cette règle qui est utilisable pour protéger le consommateur ayant échoué à obtenir l'avantage prévu au moment de la conclusion du contrat, d'autant que l'attente du consommateur relève le plus souvent du motif pour conclure le contrat.

13. Sans entrer dans le détail de la discussion doctrinale[2], on a requis, afin d'annuler le contrat pour erreur sur les motifs, que les parties aient convenu que le motif de l'auteur de la déclaration de volonté soit entré dans le champ contractuel. Cela revient à dire que, pour annuler le

[1] Ancienne Cour suprême, 24 février 1917, *Minroku*, tome 23, p. 284.

[2] Pour son détail, *v.* notre analyse issue de la conférence organisée par l'Université Paris 13 (le 7 mars 2019), dont le texte sera publié prochainement.

contrat, il faut que le destinataire de la déclaration de volonté ait assumé le risque de la non-réalisation des motifs envisagés par l'auteur. La jurisprudence s'est récemment prononcée en ce sens ; dans son attendu, un arrêt a nettement montré que « *bien qu'il ait été exprimé par l'une des parties, le motif ne peut avoir d'incidence sur la validité du contrat que si l'on peut considérer, à la lumière de l'intention des parties, qu'il est entré dans le champ contractuel* »[1]. Si l'on analyse le nouveau texte à la lumière de cette situation, il apparait évident que la formule « *faire entrer dans le fondement de l'acte juridique* » doit être interprétée comme exigeant de la convention conclue entre les parties l'introduction dans le champ contractuel de certains éléments qui ne figurent pas par nature dans le domaine du contrat. Toutefois, une telle interprétation soulève une difficulté pour les consommateurs. En effet, dans l'immense majorité des cas, il est inconcevable que le consommateur ait réussi à convenir de faire entrer, par exemple, telle ou telle qualité de l'objet dans le champ contractuel. En d'autres termes, dans la mesure où elle requiert une convention entre le consommateur et le professionnel, cette disposition n'a que peu d'utilité pratique pour rétablir le déséquilibre des informations détenues par les parties.

14. C'est pour cette raison que le comité consultatif de la réforme du *Minpô* a initialement tenté d'introduire une nouvelle catégorie d'erreur. En effet, il a discuté de la possibilité de reconnaître l'annulation du contrat dans le cas où l'erreur sur les motifs est provoquée par une fausse assertion non intentionnelle émanant de l'un des contractants. Cette proposition, influencée par la notion de la « *misrepresentation* » du droit anglo-américain, peut être envisagée comme la généralisation d'une règle de la loi sur le contrat de consommation, qui a admis dans certaines situations prévues par la loi que la croyance erronée du consommateur fournisse une raison pour annuler le contrat lorsqu'elle a été suscitée par le professionnel (art. 4, al. 2 de la loi). Cependant, cette proposition a finalement été refusée du fait de l'objection des représentants du milieu des affaires ; en effet, le législateur de 2017 n'a

---

[1] Cour suprême, 12 janvier 2016, *Minshû*, tome 70, vol. 1, p. 1.

consacré telle ou telle proposition que dans la mesure où un *consensus* parmi les représentants de tous les secteurs concernés a pu être trouvé. Ainsi, la réforme du *Minpô* en 2017 n'a que peu contribué au développement des règles sur le vice du consentement. Aussi dans les nouvelles dispositions, le juge peine à trouver un équilibre entre le devoir d'information de la part du professionnel et le devoir de se renseigner de la part du consommateur lorsqu'il examine s'il y a lieu d'annuler le contrat ; ce qui fera obstacle à l'annulation du contrat pour cause de manque d'information. Ce schéma se retrouve lorsqu'on aborde la question de savoir si le professionnel engage sa responsabilité précontractuelle pour manquement à l'obligation d'information.

II. Les dommages et intérêts pour manquement à l'obligation précontractuelle d'information

15. L'inefficacité de la théorie du vice du consentement nous amène à recourir aux dommages et intérêts afin de protéger le consommateur qui a conclu un contrat ne correspondant pas à son attente. Même si aucune disposition du *Minpô* ne l'a explicitement affirmé, la jurisprudence admet, depuis une trentaine d'années, que le manquement à l'obligation d'information peut justifier la responsabilité du professionnel envers le consommateur victime d'un contrat qui n'est pas conforme à son attente légitime (**A**). Cependant, les juges ne sont nullement généreux dans ce domaine notamment parce qu'ils prennent compte la faute de la victime pour réduire le montant des dommages et intérêts. Ici encore, le rôle du devoir de se renseigner n'est pas négligeable (**B**).

A. LE DEVOIR DE SE RENSEIGNER LIMITANT LA NAISSANCE DE LA RESPONSABILITÉ

16. Durant les années 1990 apparaissent plusieurs décisions de la Cour suprême qui sanctionnent le manquement à l'obligation d'information. Avec l'éclatement de la bulle financière à la fin des années 1980, les consommateurs ayant investi dans des opérations de capitalisation,

principalement des contrats d'assurance-vie, virent la valeur de leurs placements s'effondrer. Au cours des années 1990, bon nombre d'arrêts sont venus condamner les assureurs au paiement de dommages et intérêts pour compenser les pertes qui n'avaient pas été envisagées au moment de la conclusion du contrat ; ces condamnations se fondent sur le manquement à l'obligation d'information qui pesait sur le professionnel. Depuis lors, la jurisprudence a graduellement clarifié le régime de cette responsabilité qu'elle a dégagée. La doctrine s'est contentée de consolider le fondement de ces solutions jurisprudentielles. Dès lors qu'il a été construit par l'accumulation de décisions dispersées et occasionnelles, il est extrêmement difficile de résumer le régime de la responsabilité précontractuelle pour cause de manquement à l'obligation d'information. Sa clarification était l'une des missions assignées au législateur à l'occasion de la réforme du *Minpô*.

17. Ici comme ailleurs, au nom de la lisibilité du Code, le comité consultatif a initialement tenté d'élaborer des règles destinées à fixer les régimes de la responsabilité précontractuelle. L'objectif de la proposition était double : d'une part, manifester le principe de l'irresponsabilité dans chacune des matières et, d'autre part, clarifier les conditions permettant d'admettre exceptionnellement la responsabilité de l'un des contractants.

> Proposition 27-2 : L'obligation précontractuelle d'information
> Une des parties au contrat n'est pas obligée de réparer les dommages subis par son cocontractant ayant pour seule cause son ignorance d'une certaine information. Toutefois, elle est responsable dans la mesure où les conditions cumulatives ci-dessous sont remplies.
> 1° une des parties connaît ou aurait pu connaître cette information ;
> 2° son cocontractant n'aurait pas contracté ou aurait contracté à un contenu différent et une telle conséquence est prévisible pour une des parties ;

3° toutes les circonstances concernant le contrat, telles que sa nature, de la connaissance et de l'expérience de chacune des parties, le but à atteindre par la conclusion de ce contrat, l'état de la négociation justifient de ne pas exiger son cocontractant de se procurer cette information ;
4° les circonstances susvisées ne justifient pas d'imposer à son cocontractant les désavantages provenant de la conclusion du contrat.

Le texte proposé précisait ainsi de manière détaillée les conditions de la responsabilité précontractuelle. Cependant, elles se sont heurtées à deux oppositions de sens contraire. D'une part, pour établir une formule qui puisse englober tous les cas pour lesquels la jurisprudence a admis la responsabilité, les conditions devaient être fixées de façon abstraite. Mais cette approche a suscité au sein des praticiens la crainte que l'obscurité des conditions ne développe les prétentions abusives sur le fondement de la responsabilité précontractuelle. D'autre part, pour fixer des conditions suffisamment concrètes, les applications judiciaires pourraient être limitées à cause de la rigidité de la formule adoptée. En conséquence, la responsabilité en cas de manquement à l'obligation précontractuelle d'information ne trouve aucun fondement spécifique dans le *Minpô* réformé.

18. Alors que le législateur a ainsi renoncé à légiférer sur les règles relatives à la responsabilité précontractuelle, il apparait légitime de présenter le droit actuel à partir de cette proposition. Le contractant peut être obligé d'informer son partenaire dans certaines circonstances. De là se pose la question de savoir quels sont le fondement et le régime de cette responsabilité. La proposition ne dit rien sur le fondement de cette responsabilité. Cependant, il nous semble que le comité consultatif a supposé que la responsabilité précontractuelle repose sur le principe de bonne foi, non seulement parce que telle est la position de la jurisprudence, mais aussi parce que la proposition s'inscrit dans le chapitre consacré à la phase précontractuelle, qui suit une série de dispositions relatives aux principes directeurs du contrat. Il est

particulièrement remarquable que cette dernière contienne une proposition qui affirme l'exigence de la bonne foi en présence d'un contrat conclu entre le consommateur et le professionnel. À propos de son régime, le principe de bonne foi exige d'être mis en œuvre selon les circonstances de telle ou telle négociation. À cette fin, la proposition du comité consultatif a énuméré une série de critères d'appréciation, parmi lesquels figure le fait que « *toutes les circonstances concernant le contrat, telles que sa nature, de la connaissance et de l'expérience de chacune des parties, le but à atteindre par la conclusion du contrat, l'état de la négociation justifient de ne pas exiger son cocontractant de se procurer cette information* » à titre de condition d'exonération de l'obligation d'information. Cela revient à dire qu'une des parties contractantes ne s'engage pas à informer son partenaire lorsque ce dernier peut se procurer par lui-même l'information déterminante pour décider de la conclusion du contrat. En d'autres termes, l'obligation d'information ne pèse sur le contractant que lorsque son partenaire a rempli son propre devoir de se renseigner.

19. Ainsi, l'obligation d'information a une limite essentielle. En effet, le principe de bonne foi ne porte pas toujours sur la dissipation de la mauvaise connaissance du cocontractant ; le devoir de se renseigner prévaut sur le devoir de renseigner dans l'appréciation des conditions d'application de la responsabilité. Mais ce n'est pas tout. Même si un des contractants est tenu de donner une certaine information à son partenaire, le devoir de se renseigner est pris en compte lors de l'évaluation du montant des dommages et intérêts.

B. LE DEVOIR DE SE RENSEIGNER LIMITANT LE MONTANT DE LA RÉPARATION

20. Le débiteur de l'obligation d'information doit réparer les dommages causés au créancier dans la mesure où il est fautif. La détermination du montant de la réparation est d'autant plus importante qu'il s'agit ici de la réparation du préjudice économique ; si le juge est généreux pour ordonner des dommages et intérêts d'un montant convenable, l'intérêt du consommateur pourrait être suffisamment protégé même si le contrat conclu conserve son efficacité. Supposons que le consommateur a adhéré à une assurance-vie, mais que la valeur de ces placements se soit effondrée ultérieurement ; si le juge condamne le vendeur à payer des dommages et intérêts d'un montant égal au prix de la prime d'assurance déduction faite de sa valeur objective, l'assuré ne subirait aucun préjudice. Ainsi, dans une telle situation, les dommages et intérêts peuvent avoir la même fonction que la restitution consécutive à l'annulation du contrat.

21. Cependant, alors que certains auteurs préconisent cette solution pour compléter l'insuffisance du vice du consentement, les juges de fond prennent une position plus nuancée. En effet, dans la plupart des cas, les juges diminuent le montant des dommages et intérêts en tenant compte de la faute commise par la victime. La possibilité de la prise en compte de la faute de la victime en cas de responsabilité extracontractuelle est explicitement admise par le *Minpô* : selon l'art. 722, alinéa 2, « *lorsqu'il y a eu faute de la victime, le tribunal peut en tenir compte pour déterminer le montant des dommages et intérêts* ». À la différence de la solution adoptée en droit français, à savoir la théorie de la perte de chance[1], le montant des dommages et intérêts n'est ainsi pas déterminé à l'aune de la probabilité de l'obtention des avantages envisagés ; elle est plutôt tributaire du résultat d'une

[1] Sur les questions du préjudice économique pur, *v.* T. NAKAHARA, « Le préjudice économique pur. Rapport japonais », *in* : M. MEKKI *et al.*, *Le préjudice : entre tradition et modernité*, Journées franco-japonaises de l'AHC, Bruylant, 2013.

pondération entre, d'une part, la déloyauté de l'auteur et, d'autre part, l'imprudence de la victime. Dans la pratique, il n'est pas exceptionnel que le montant de la réparation se trouve réduit jusqu'à cinquante pour cent. Certains auteurs approuvent cette solution en ce qu'elle permet aux juges de déterminer de manière souple et opportune le montant de la réparation selon les circonstances concrètes de l'affaire. Cependant, on peut s'interroger sur son effet négatif quant à l'efficacité de la sanction. Ici comme ailleurs, on pourrait légitimement se demander si un type d'exception du *dolus bonus* fait obstacle au développement de la protection des consommateurs.

22. Cette difficulté nous semble illustrer une limite de la protection fondée sur l'idée de l'information ; sous cet angle, la protection est insuffisante dans la mesure où le consommateur lui-même peut se renseigner sur ce qui est déterminant pour son consentement. Comme on l'a déjà vu dans les conditions d'application du dol, la capacité cognitive de l'homme étant nécessairement incomplète, une telle considération peut rendre inefficaces les protections accordées par le droit commun. C'est pourquoi la législation récente a de plus en plus fait appel à un autre fondement pour réglementer la phase précontractuelle. Dans certains domaines tels que l'invitation au contrat d'investissement, il est interdit au professionnel de préconiser la conclusion d'un contrat inadéquat aux conditions personnelles de l'acheteur, telles que son besoin, son aptitude ou sa ressource. Cette prise en considération de la proportionnalité est d'autant plus remarquable qu'elle a pénétré le domaine du droit privé alors qu'elle était initialement apparue dans le droit du marché. En effet, la jurisprudence a estimé que l'invitation au contrat d'investissement peut être illicite lorsqu'elle a été faite en dérogeant considérablement au principe de proportionnalité exigé dans le domaine du contrôle des activités d'un établissement de titres[1]. À l'origine de ce développement, certains auteurs ont récemment proposé d'ériger l'exigence de la proportionnalité en principe général du droit des contrats. Selon

---

[1] Cour suprême, 14 juillet 2005, Minshu vol. 59, n° 6, p. 1323.

l'auteur, ce principe peut reposer sur le devoir du professionnel qui exige d'inviter à conclure un contrat adéquat à la connaissance, l'expérience, les ressources et la finalité du contractant. Il est vrai qu'on peut placer cette exigence dans le prolongement de l'obligation d'information en ce qu'elle a pour fonction de servir à réfléchir sur les avantages d'un contrat à conclure. Cependant, il serait également légitime de lire ce développement d'un autre point de vue que celui de l'information, car il pose la question de savoir s'il est nécessaire de reconsidérer les idées de réglementation de la phase précontractuelle.

***

23. Au terme de cet aperçu du droit positif japonais, on peut légitimement considérer qu'il y a une différence entre le droit français et le droit japonais quant à l'application de la théorie du vice du consentement et de la responsabilité précontractuelle. Pour ainsi dire, le droit japonais favorise une vision plus « libérale »[1] pour cerner le domaine du vice du consentement et de la responsabilité précontractuelle du professionnel. De ce constat, se pose une question : quelle est l'origine de cette différence ? Il nous semble que la raison est relativement simple : le droit japonais insiste sur le devoir de se renseigner pour partager entre les parties le risque de l'échec d'une opération contractuelle.

24. Cette « rigidité » du droit commun pose la question de l'ambiguïté de sa frontière par rapport au droit spécial. On considère souvent que toutes les règles qui servent à la protection des consommateurs relèvent du droit spécial. Certes, certaines règles dépassent la conception traditionnelle du droit commun ; nous avons constaté que la loi sur le contrat de consommation a relativisé la distinction classique entre plusieurs catégories du vice du consentement pour élargir le domaine du vice du consentement. Toutefois, dès lors que leur but réside toujours dans le rétablissement des équilibres entre deux personnes

---

[1] A. CONSTANTIN, *obs. préc.*

privées, ces règles sont aptes à être introduites dans le droit commun. On pourrait considérer qu'il ne s'agit que d'un développement du droit commun des contrats. Si les règles édictées par la loi sur le contrat de consommation partagent ainsi la même logique que celles du droit commun, ils sont toujours aptes à être généralisés à tous les domaines dans lesquels il existe un décalage entre la qualité et la quantité des informations détenues ainsi que des pouvoirs dans la négociation. Sous cet aspect, on pourrait estimer que la loi sur le contrat de consommation est un modèle pour moraliser le rapport contractuel.

Appendice

Ex-art. 95

La déclaration de volonté est nulle, lorsqu'il y a erreur sur les éléments essentiels de l'acte juridique.

Art. 95

1) La déclaration de volonté est annulable lorsque les erreurs ci-dessous sont d'importance, en tenant compte du but de l'acte juridique et de l'opinion publique dans le commerce.
   1° l'erreur qui découle de la discordance entre la volonté déclarée et la volonté interne.
   2° l'erreur qui découle d'une fausse représentation sur le fait que l'auteur de la déclaration a fait entrer dans le fondement de l'acte juridique.
2) Dans le dernier cas prévu dans l'alinéa précédent, l'annulation de la déclaration de volonté n'est admissible que si l'on a manifesté que ledit fait a été envisagé comme fondement de l'acte juridique.
3) La déclaration de volonté n'est pas annulable lorsqu'elle est le fait de la faute grave de l'auteur de la déclaration, sauf en présence des circonstances ci-dessous
   1° le destinataire de la déclaration de volonté a connu l'erreur de la part de l'auteur, ou il n'aurait pu l'ignorer que par sa faute grave.
   2° le destinataire a commis une même erreur que celle commise par l'auteur.
4) L'annulation du contrat pour erreur est inopposable aux tiers de bonne foi.

Art. 96

1) La déclaration de volonté, déterminée par le dol ou les menaces, est annulable.
2) Lorsque c'est un tiers qui a commis le dol, la déclaration de volonté adressée à une personne n'est annulable que si cette dernière a eu ou aurait pu avoir connaissance dudit fait.
3) L'annulation de la déclaration de volonté pour dol n'est pas opposable aux tiers de bonne foi.

Art. 465-10

1) Lorsqu'il lui a demandé soit la conclusion d'un contrat de cautionnement ayant pour objet de garantir la dette professionnelle, soit de cautionnement omnibus ayant pour objet une série de dettes qui comporte une ou plusieurs dettes professionnelles, le débiteur principal doit fournir à la caution des informations sur :
   1° l'état actuel de son patrimoine ainsi que sur ses revenus et ses dépenses ;
   2° l'existence, le montant et l'état d'exécution de dettes autres que la dette garantie ;
   3° le contenu d'autres sûretés consenties pour la dette garantie s'il en constitue ou constituera.
2) Lorsque l'offre ou l'acceptation de sa part a été déterminée par la mauvaise connaissance d'un des éléments visés à l'alinéa précédent causée soit par l'omission de l'information, soit par une allégation mensongère, la caution peut annuler le contrat de cautionnement dans la mesure où le créancier a eu ou aurait pu avoir connaissance du fait que le débiteur principal a omis de l'informer ou est à l'origine d'une allégation mensongère.
3) Le présent article ne s'applique pas à la caution personne morale.

Article 4 de la loi sur le contrat de consommation

(L'annulation de la déclaration de volonté de l'offre ou de l'acceptation émise pour conclure le contrat de consommation)

1) Le consommateur peut annuler sa déclaration de volonté de l'offre ou de l'acceptation émise pour conclure le contrat de consommation lorsqu'elle est déterminée par un des agissements du professionnel lors de l'invitation à la conclusion d'un contrat, visés ci-dessous, qui a suscité une mauvaise connaissance du consommateur visée au même endroit ;

1° informer sur un élément contraire à la réalité des éléments essentiels du contrat : la croyance erronée que les informations fournies sont conformes à la réalité :

2° montrer péremptoirement une appréciation sur les éléments incertains dans l'avenir, tels que les valeurs, le montant reçu par le consommateur, à propos de ce qui peut être objet du contrat de consommation, tel que les biens, les droits ou les services : la croyance erronée que l'appréciation montrée serait réalisée.

2) Le consommateur peut annuler sa déclaration de volonté de l'offre ou de l'acceptation émise pour conclure le contrat de consommation lorsqu'elle est déterminée par la croyance erronée du consommateur en l'inexistence d'un certain fait désavantageux, qui a été suscitée par le professionnel ayant, lors de l'invitation à la conclusion d'un contrat, annoncé explicitement un certain avantage relatif aux éléments essentiels ou aux accessoires aux éléments essentiels du contrat, mais gardé le silence, soit intentionnellement, soit par faute grave, sur le fait désavantageux, dont le consommateur a pu légitimement croire l'inexistence en tenant compte de l'annonce du professionnel. Cependant, il ne l'est pas si le consommateur a refusé que le professionnel lui explique le fait désavantageux.

3) Le consommateur peut annuler sa déclaration de volonté de l'offre ou de l'acceptation émise pour conclure le contrat de consommation lorsqu'elle est déterminée par un des agissements du professionnel lors de l'invitation à la conclusion d'un contrat, visés ci-dessous, qui a suscité l'embarras du consommateur ;

1° ne pas sortir de la résidence ou du lieu d'affaires du consommateur bien que le consommateur ait exprimé son intention d'en faire sortir le professionnel ;

2° empêcher le consommateur de sortir du lieu où le professionnel fait l'invitation à la conclusion du contrat bien que le consommateur ait exprimé son intention d'en sortir ;

3° expliquer au consommateur que ce qui est l'objet du contrat de consommation, tel que les biens, les droits ou les services, est indispensable pour réaliser le souhait du consommateur, en sachant que le consommateur entretient une inquiétude sur un des faits ci-dessous à cause de son manque d'expérience dans la vie sociale ;

i) un fait important concernant l'accès à l'enseignement supérieur, l'obtention d'un emploi, le mariage, le moyen de gagner la vie :

ii) un fait important concernant l'esthétique corporelle, tel que l'apparence, la taille.

4° expliquer au consommateur que son rapport personnel avec le professionnel qui invite à la conclusion du contrat de consommation doit finir s'il ne conclut pas le contrat de consommation, en exploitant le sentiment d'affection pour le professionnel du consommateur, qui croit faussement que le professionnel a réciproquement le même sentiment.

5° expliquer, sans aucun fondement raisonnable ou aucune cause légitime, au consommateur que le maintien de sa vie courante sera rendu difficile s'il ne conclut pas le contrat de consommation, en sachant que, à cause de l'altération de ses facultés du fait de son âge ou du fait de troubles mentaux ou physiques, le consommateur entretient une inquiétude excessive sur le maintien de sa vie courante à propos du moyen de gagner la vie ou sur sa santé.

6° expliquer au consommateur que la conclusion du contrat lui fait certainement échapper à un certain désavantage grave, en démontrant que le consommateur devra subir le désavantage en se fondant sur une connaissance impossible à vérifier d'une façon raisonnable, telle que l'occultisme, pour provoquer l'inquiétude du consommateur.

7°, 8° [...]

4) Le consommateur peut annuler sa déclaration de volonté de l'offre ou de l'acceptation émise pour conclure le contrat de consommation lorsqu'elle est déterminée par l'invitation du professionnel qui sait que la quantité, le nombre de fois ou la durée de la prestation du contrat sont significativement excessifs par rapport à ceux que le consommateur aurait normalement pu conclure, à savoir ceux qui peuvent être normalement conçus en tenant compte des contenus et des conditions concernant l'objet du contrat de consommation ainsi que de la situation de la vie du consommateur et de la connaissance du consommateur sur cette situation. Il l'est encore lorsque la déclaration de volonté du consommateur est déterminée par l'invitation du professionnel qui connaît que la quantité, le nombre de fois ou la durée de la prestation du contrat soient significativement excessifs par rapport à ceux que le consommateur aurait normalement pu conclure, en tenant compte de la prestation déjà procurée par un ou plusieurs autres contrats qui prévoient une prestation de même nature que le contrat conclu.

5) Les « éléments essentiels » mentionnés aux alinéas premier et deuxième sont les éléments ci-dessous ; cependant, l'alternative 3° ne s'applique pas s'agissant de l'alinéa deuxième du présent article.

1° La qualité, la destination ou d'autres contenus de l'objet du contrat de consommation, tel que les biens, les droits ou les services, qui peuvent avoir une incidence sur la décision du consommateur pour conclure ou non le contrat de consommation ;

2° La contrepartie ou d'autres conditions concernant l'objet du contrat de consommation, tel que les biens, les droits ou les services, qui peuvent avoir une incidence sur la décision du consommateur pour conclure ou non le contrat de consommation ;

3° Les éléments normalement nécessaires pour éviter de compromettre la vie, le corps ou les autres intérêts importants du consommateur par l'objet du contrat de consommation, tel que les biens, les droits ou les services.

6) L'annulation de la déclaration de volonté de l'offre ou de l'acceptation fondée sur les quatre premiers alinéas de présent article n'est pas opposable aux tiers de bonne foi.

La protection de la partie faible dans le nouveau droit des contrats français

Sandrine CHASSAGNARD-PINET
Professeur de droit privé à l'Université de Lille
CRDP – ULR 4487, équipe René Demogue

1. La réforme du droit commun des contrats français a été présentée, par le Rapport au Président de la République relatif à l'ordonnance n° 2016-131 du 10 février 2016, comme étant motivée par la volonté « non pas de refondre totalement le droit des contrats et des obligations, mais de le moderniser, pour faciliter son accessibilité et sa lisibilité, tout en conservant l'esprit du code civil, à la fois favorable à un consensualisme propice aux échanges économiques et protecteur des plus faibles »[1].

2. Cette présentation suggère donc *in fine* non seulement que la protection des contractants vulnérables est une préoccupation endossée par l'ordonnance du 10 février 2016[2], mais aussi que le nouveau droit des contrats français serait, en cela, fidèle à l'esprit du Code civil de 1804, supposé être déjà porteur d'une telle attention aux plus faibles[3].

3. Certes la prise en compte par le droit français de l'état de vulnérabilité d'une partie au contrat n'est pas chose nouvelle. Le Code civil prévoyait déjà des dispositifs de protection en faveur du contractant vulnérable - mineur ou du majeur souffrant d'une altération de ses facultés physiques ou mentales. Mais au-delà de ces hypothèses

---

[1] Rapport au Président de la République relatif à l'ordonnance n° 2016-131 du 10 février 2016 portant réforme du droit des contrats, du régime général et de la preuve des obligations, *JO* du 11 février 2016, texte n° 25.

[2] Ordonnance n° 2016-131 du 10 février 2016 portant réforme du droit des contrats, du régime général et de la preuve des obligations, *JO* du 11 février 2016, texte n° 26.

[3] Relevant le caractère discutable de cette présentation : T. REVET, « Une philosophie générale ? », *RDC* 2016, Hors série, p. 5, n° 5.

de vulnérabilité inhérente à la personne, prises en charge de longue date par le droit, c'est, comme le soulignait Josserand dès 1936[1], un nouveau type de situations de faiblesse, conjoncturelles, qui sont apparues et que le Code civil n'avait pas appréhendées. Cette faiblesse « est fonction d'une situation déterminée »[2] ; elle se manifeste dans les moments où l'individu « se trouve pris dans l'engrenage d'un ordre économique ou social déterminé et pour lui oppressif »[3]. « Ces faibles d'un nouveau genre, ces faibles *up to date »*[4], selon les termes de Josserand, sont venus bousculer les principes du droit des contrats. La prise en compte de cette faiblesse relative[5], qui résulte d'un rapport de force déséquilibré entre les contractants, de nature à empêcher que l'un d'eux puisse défendre efficacement ses intérêts, a en effet nécessité que le droit français des contrats dépasse le postulat longtemps affirmé selon lequel l'équilibre du contrat est assuré par la liberté contractuelle offerte à chacun, garantissant la libre négociation du contenu du contrat et le libre consentement à celui-ci.

4. La voie choisie par le droit français pour protéger cette partie faible a d'abord été celle de l'adoption de législations spéciales pour encadrer les contrats identifiés comme les plus sensibles (contrat de travail, contrat de transport, contrat de bail, contrat d'assurance ou encore contrat de consommation). La jurisprudence a également développé des outils de protection de la partie vulnérable, au-delà du champ de ces seules législations spéciales, en mobilisant des dispositions du droit commun des contrats. Elle a ainsi sollicité la notion de *cause* pour fonder une solution protectrice de la partie faible à un contrat conclu

---

[1] L. JOSSERAND, « La protection des faibles par le droit », *in Evolutions et actualités. Conférences de droit civil,* Librairie Recueil Sirey, 1936, p. 159 et s.
[2] L. JOSSERAND, « La protection des faibles par le droit », préc., p. 167.
[3] *Ibid.*
[4] *Ibid.*
[5] Sur cette notion, voir M. FONTAINE, « La protection de la partie faible dans le rapports contractuels, Rapport de synthèse », in *La protection de la partie faible dans les rapports contractuels*, Comparaisons Franco-Belges, Paris, L.G.D.J., 1996, p. 615.

entre professionnels contre une clause portant atteinte à la substance de l'obligation essentielle pesant sur le débiteur [1].

5. Des doutes ont pu être émis quant à la pertinence de faire endosser par le droit commun des contrats une fonction protectrice de la partie faible, cela supposant une prise en compte de la qualité du contractant, ce que seules des législations spéciales peuvent faire[2].

Le rapport au Président de la République prête pourtant à l'ordonnance du 10 février 2016 l'ambition de porter un « mouvement vers un droit commun des contrats français plus juste », tout en précisant qu'il s'agit de « trouver un équilibre entre justice contractuelle et autonomie de la volonté ». L'ordonnance a, pour ce faire, intégré dans le Code civil français des dispositifs de protection du contractant, parfois en reprenant des évolutions initiées par la jurisprudence, parfois en faisant œuvre créatrice.

6. La manifestation la plus remarquable de la protection de la partie faible par le nouveau droit commun des contrats est, à n'en pas douter, la consécration d'une figure contractuelle qui vient pourtant bousculer les fondements et présupposés du principe de l'autonomie de la volonté : celle du contrat d'adhésion. Alors que le droit commun des contrats français ne connaissait jusqu'alors que le contrat de gré à gré, correspondant au modèle contractuel du Code civil de 1804, les dispositions liminaires du nouveau droit des contrats opposent cette catégorie de contrat au contrat d'adhésion.

---

[1] Cass. com. 22 oct. 1996, n° 93-18632, *D.* 1997, p. 121, obs. A. SÉRIAUX ; *D.* 1997, somm. p.175, obs. Ph. DELEBECQUE ; *JCP* 1997, I, 4025, obs. G. VINEY ; *JCP* 1997, I, 4002, obs. M. FABRE-MAGNAN ; *JCP* 1997, II, 22881, note D. COHEN; *JCP* 1998, I, 152, chron. J.-P. CHAZAL ; *RTD civ.* 1997, p. 418, obs. J. MESTRE et B. FAGES ; *CCC* 1997, n° 24, obs. L. LEVENEUR ; *Defrénois* 1997, p. 333, note D. MAZEAUD.

[2] G. CHANTEPIE et M. LATINA, *La réforme du droit des obligations, Commentaire théorique et pratique dans l'ordre du Code civil,* Dalloz, 2ème éd., 2018, n° 37, p. 32.

7. Cette dernière notion a été forgée par la doctrine, à la suite de la proposition de Raymond Saleilles[1], afin de caractériser une nouvelle réalité contractuelle marquée par la situation inégale des parties, l'une ne faisant qu'adhérer à un contrat dont les termes sont fixés par l'autre. L'entrée de la notion de contrat d'adhésion dans le Code civil français a donné lieu à des discussions doctrinales mais aussi parlementaires nourries, qui se sont cristallisées sur la définition même de cette catégorie de contrat. Alors que l'ordonnance du 10 février 2016 avait défini le contrat d'adhésion comme « celui dont les conditions générales, soustraites à la négociation, sont déterminées à l'avance par l'une des parties »[2], les vives réactions qui s'en sont suivies ont conduit à une réécriture de l'article 1110 du Code civil qui, suite à la loi de ratification du 20 avril 2018[3], énonce désormais que le contrat d'adhésion est « celui qui comporte un ensemble de clauses non négociables, déterminées à l'avance par l'une des parties »[4].

8. Cette inscription, dans l'article 1110 du Code civil, de l'opposition entre contrat de gré à gré et contrat d'adhésion a été analysée comme la réception, au sein du nouveau droit commun des contrats, d'une *summa divisio* entre contrats structurellement équilibrés et contrats

---

[1] R. SALEILLES, *De la déclaration de volonté, Contribution à l'étude de l'acte juridique dans le Code civil allemand*, Pichon, 1901, n° 89.

[2] Art. 1110 du Code civil tel qu'issu de l'ordonnance n°2016-131 du 10 février 2016 - art. 2. Le contrat de gré à gré était, quant à lui, défini comme « celui dont les stipulations sont librement négociées entre les parties ». V. F. CHÉNEDÉ, « Le contrat d'adhésion de l'article 1110 du code civil », *JCP G* 2016. 776 ; T. REVET, « Les critères du contrat d'adhésion », *D.* 2016. chron. 1771.

[3] Loi n° 2018-287 du 20 avril 2018 ratifiant l'ordonnance n° 2016-131 du 10 février 2016 portant réforme du droit des contrats, du régime général et de la preuve des obligations, JO du 21 avril 2018, texte n° 1.

[4] Art. 1110 du Code civil tel qu'issu de la loi n° 2018-287 du 20 avril 2018 ratifiant l'ordonnance n° 2016-131 du 10 février 2016 portant réforme du droit des contrats, du régime général et de la preuve des obligations. Cette loi reformule également les dispositions relatives au contrat de gré à gré désormais défini comme « celui dont les stipulations sont négociables entre les parties ». V. G. CHANTEPIE et M. LATINA, « Ratification de la réforme du droit des obligations : analyse de la deuxième lecture du Sénat », *D.* 2018, chron. 309 ; M. MEKKI, « La loi de ratification de l'ordonnance du 10 février 2016 - Une réforme de la réforme ? », *D.* 2018, chron. 900.

structurellement déséquilibrés[1], les seconds étant caractérisés par la « position de dépendance économique, technique ou sociale » d'une partie[2].

9. Le nouveau droit des contrats instaure des mécanismes protecteurs de la partie faible spécifiques au contrat d'adhésion. Le Code civil ne protège ainsi contre les clauses abusives que l'adhérent à un contrat d'adhésion. Toutefois, le droit commun des contrats offre également des outils de protection ayant vocation à s'appliquer à toute relation contractuelle pour prévenir ou sanctionner les déséquilibres du contrat. La partie à tout type de contrat, de gré à gré ou d'adhésion, peut être placée dans une position de faiblesse susceptible d'affecter tant la formation du contrat, la détermination de son contenu que son exécution.

10. Si l'entrée du contrat d'adhésion dans le Code civil français est emblématique de la prise en compte de la situation de vulnérabilité d'une partie au contrat, la politique de protection du contractant faible ne se réduit donc pas à la seule consécration de cette notion et au régime qui lui est rattaché. Le nouveau droit des contrats met en place deux niveaux de protection : une protection primaire qui bénéficie à tout contractant, quelles que soient sa qualité et la nature du contrat conclu (I), et une protection renforcée de l'adhérent au contrat d'adhésion (II).

---

[1] T. REVET, « Une philosophie générale ? », préc. n°20.

[2] F. ZENATI-CASTAING et T. REVET, *Cours de droit civil. Contrats. Théorie générale. Quasi-contrats, PUF, coll. Droit fondamental,* 2014, spéc. n° 4, p. 36.

I. Une protection primaire du contractant en position de faiblesse

11. Le droit commun des contrats renferme des dispositions qui, si elles peuvent bénéficier à tout contractant, n'en sont pas moins des mécanismes pouvant permettre de protéger une partie en position de vulnérabilité face à une partie forte. Le droit commun des contrats permet ainsi de protéger le consentement d'une partie faible (A). Il autorise également un contrôle sur le contenu du contrat au bénéfice cette dernière (B).

A. LA PROTECTION DU CONSENTEMENT DE LA PARTIE FAIBLE

12. La protection de la partie faible par les législations spéciales s'appuie largement sur des mécanismes destinés à garantir la qualité et l'intégrité du consentement donné. Ainsi, le droit de la consommation veille à ce que le consommateur donne un consentement éclairé et réfléchi au contrat. L'ordonnance du 10 février 2016 intègre cette même préoccupation dans le droit commun des contrats en étoffant les dispositions du Code civil relatives à la protection du consentement et en opérant une réception des évolutions jurisprudentielles réalisées en la matière.

13. La vulnérabilité d'un contractant peut naître d'une disparité dans le niveau d'information détenu par les parties. Celle-ci peut être atténuée par la mise à la charge du contractant qui est en position de force, du fait de l'information qu'il détient, d'une obligation d'informer l'autre partie. La jurisprudence avait dégagé, sur le fondement du devoir de bonne foi, une obligation d'information qui est aujourd'hui consacrée, dans sa dimension précontractuelle, par le nouvel article 1112-1 al. 1er du Code civil, inséré dans une sous-section consacrée aux négociations[1].

---

[1] L'article 1112-1 al. 1er du Code civil dispose que « celle des parties qui connaît une information dont l'importance est déterminante pour le consentement de l'autre doit

14. Outre la responsabilité du débiteur, le manquement à ce devoir d'information peut entraîner l'annulation du contrat dans les conditions prévues aux articles 1130 et suivants du Code civil[1], autrement dit sur le terrain des vices du consentement. La nullité du contrat peut ainsi venir sanctionner une réticence dolosive, entendue comme « la dissimulation intentionnelle par l'un des contractants d'une information dont il sait le caractère déterminant pour l'autre partie »[2].

15. La loi de ratification du 20 avril 2018 a ajouté un 3ème alinéa à l'article 1137 du Code civil venant préciser que « ne constitue pas un dol le fait pour une partie de ne pas révéler à son cocontractant son estimation de la valeur de la prestation », faisant ainsi écho à la limite posée à l'obligation d'information[3]. Il s'agit d'éviter que le dol ne devienne un outil de sanction de la lésion. Pourtant, cette précision ne suffira sans doute pas à mette un terme à l'évolution induite par la jurisprudence qui, en étendant le champ des différents vices du consentement, en a fait un outil de sanction des déséquilibres « le caractère déterminant du vice résultant concrètement la plupart du temps de l'existence d'une lésion ignorée de la victime ou imposée à la victime »[4].

16. Cette évolution amène à se demander si la protection d'une partie victime d'un déséquilibre est une fonction que les vices du consentement doivent endosser. Pour certains auteurs, les vices du consentement doivent être cantonnés à un contrôle de l'intégrité du consentement, avec pour seule mission de s'assurer de la qualité de la volonté qui forme le contrat et non de sanctionner les déséquilibres du

---

l'en informer dès lors que, légitimement, cette dernière ignore cette information ou fait confiance à son cocontractant ».

[1] Art. 1112-1 al. 6. du Code civil.

[2] Art. 1137 al. 2 du Code civil.

[3] L'article 1112-1 al. 2 du Code civil précise que « ce devoir d'information ne porte pas sur l'estimation de la valeur de la prestation ».

V. notamment G. CATTALANO-CLOAREC, « La validité du contrat », *AJ Contrat* 2018, p. 257.

[4] D. FENOUILLET, « Le juge et les clauses abusives », RDC 2016, p. 358, note 32.

contrat ; pour d'autres, protéger le consentement n'est que le moyen de veiller à ce que le contrat soit conforme à la justice commutative[1].

17. Ripert envisageait, pour sa part, les dispositions du Code civil de 1804 relatives aux vices du consentement comme une des rares manifestations, avec le régime des incapacités, de la prise en compte des situations de faiblesse par le droit commun des contrats[2]. Il estimait que la théorie des vices du consentement « a été admise pour permettre la protection d'un contractant qui lutte dans le contrat avec des armes inferieures et pour empêcher que l'autre partie ne tire un avantage de cette infériorité connue d'elle et quelque fois créée par elle »[3].

18. Si cette lecture appliquée aux dispositions du Code civil de 1804 peut être discutée, elle semble être davantage en adéquation avec le nouveau droit des contrats. L'ordonnance du 10 février 2016 a, en effet, fait le choix de rattacher à la théorie des vices du consentement la sanction de l'exploitation abusive de la dépendance d'une partie par son cocontractant, présentée par le Rapport au Président de la République comme « l'une des innovations essentielles du texte ». Dans la continuité de la jurisprudence qui avait accepté de sanctionner un vice de violence économique[4], le nouvel article 1143 du Code civil énonce ainsi qu' « il y a également violence lorsqu'une partie, abusant de l'état de dépendance dans lequel se trouve son cocontractant, obtient de lui un engagement qu'il n'aurait pas souscrit en l'absence d'une telle

---

[1] J. GHESTIN, *La formation du contrat,* Tome 1 : *Le contrat - Le consentement*, LGDJ, 2013, n° 1090.

[2] « Le Code civil n'avait trouvé d'autre remède à la faiblesse des contractants que la théorie un peu brutale des incapacités ou le remède hasardeux des vices du consentement » : G. RIPERT, *La règle morale dans les obligations civiles*, LGDJ, 2ème éd., 1927, n° 55, p. 100-101.

[3] G. RIPERT, *La règle morale dans les obligations civiles*, *op. cit.*, n° 41, p. 80-81.

[4] Civ. 1re, 3 avr. 2002, n° 00-12932, *JCP G* 2002, I, 184, n° 6, obs. G. VIRASSAMY ; *D.* 2002, p. 1860, notes J.-P. GRIDEL et J.-P. CHAZAL, p. 2844, obs. D. MAZEAUD ; *RTD civ.* 2002, p. 502, obs. J. MESTRE et B. FAGES ; *Defrénois* 2002, p. 1246, obs. E. SAVAUX ; Comm. com. électr. 2002, comm. 80, note C. CARON, et comm. 89, note P. STOFFEL-MUNCK ; *Contrats, conc., consom.* 2002, comm. 121, note L. LEVENEUR.

contrainte et en tire un avantage manifestement excessif »[1]. Le rapport au président de la République précise que la portée du texte est « en réalité plus large » que le vice de violence dégagé par la jurisprudence, en ce qu'il « n'est pas circonscrit à la dépendance économique » mais s'étend à toutes les hypothèses de dépendance, ce qui est censé permettre, aux dires du rapport, « une protection des personnes vulnérables ». Toutefois, la loi de ratification, en réponse aux inquiétudes qui se sont exprimées face à un risque invoqué d'atteinte à la sécurité juridique, a apporté une modification au texte, censée être interprétative[2], qui conduit à une conception plus restrictive de la notion de dépendance celle-ci étant limitée à la dépendance d'un contractant à l'égard de l'autre[3]. Le vice de violence pour abus de dépendance ne permettra donc pas au contractant souffrant d'une situation de faiblesse inhérente à sa personne de caractériser sur ce fondement un consentement altéré [4]. Ce vice ne protège que les personnes dont la dépendance apparaît dans leur relation à l'autre partie. Malgré la restriction ainsi apportée à ce mécanisme, ce dernier n'en demeure pas moins un outil de protection contre les déséquilibres résultant d'un usage abusif d'une position de force[5].

---

[1] V. H. BARBIER, « La violence par abus de dépendance », *JCP G* 2016, 421 ; M. CHAGNY, « Les contrats d'affaires à l'épreuve des nouvelles règles sur l'abus de l'état de dépendance et le déséquilibre significatif », *AJCA* 2016, p.115 ; D. MAZEAUD et Y. PICOD (dir.), *La violence économique, A l'aune du nouveau droit des contrats et du droit économique,* Journées Capitant, Thèmes et commentaires, Dalloz 2017.

[2] Selon les dispositions de l'article 16- I de la loi n° 2018-287 du 20 avril 2018, les modifications apportées par ladite loi aux dispositions de l'article 1143 du Code civil ont un caractère interprétatif.

[3] L'art. 1143 du C. civ. dispose désormais qu' « il y a également violence lorsqu'une partie, abusant de l'état de dépendance dans lequel se trouve son cocontractant à son égard, obtient de lui un engagement qu'il n'aurait pas souscrit en l'absence d'une telle contrainte et en tire un avantage manifestement excessif ».

[4] V. G. CATTALANO-CLOAREC, « La validité du contrat », *AJ Contrat* 2018, p. 257.

[5] Ce nouveau vice de violence sanctionné par le droit commun devra être articulé avec le délit d'abus de faiblesse formulé par le code de consommation (art. L122-8 et s. du Code de la consommation) ou encore avec l'exploitation abusive de l'état de dépendance économique sanctionné par le code de commerce (art. L 420-2 al. 2 du Code de commerce). V. O. DESHAYES, T. GENICON, Y.-M. LAITHIER, *Réforme du droit des contrats, du régime général et de la preuve des obligations, Commentaire article par article*, Lexisnexis, 2e éd., 2018, p. 254 et s.

19. Une même finalité de protection de la partie conjoncturellement faible à un contrat déséquilibré ressort des dispositions qui autorisent un contrôle sur son contenu.

B. LA MISE EN ŒUVRE D'UN CONTRÔLE SUR LE CONTENU DU CONTRAT AU BÉNÉFICE DE LA PARTIE FAIBLE

20. Une police des clauses a été initiée par le législateur français, dans le Code de la consommation d'abord[1], dans le Code de commerce ensuite[2], afin de sanctionner les déséquilibres significatifs présents dans certains contrats. En parallèle et en complément de ces législations spéciales, la jurisprudence française a développé, au sein du droit commun des contrats, en se fondant sur la notion de *cause*, une sanction des clauses limitatives de responsabilité privant de sa substance l'obligation essentielle du débiteur. La Cour de cassation a ainsi réputé non écrite la clause limitative de réparation qui contredisait la portée de l'engagement souscrit par le débiteur[3].

21. Alors que l'ordonnance du 10 février 2016 fait disparaître la *cause* du droit commun des contrats français, elle consacre dans le même temps cette évolution jurisprudentielle en semblant lui donner une portée plus large puisque le nouvel article 1170 du Code civil vise, non pas seulement les clauses limitatives de responsabilité, mais « toute clause qui prive de sa substance l'obligation essentielle du débiteur ». Le créancier est ainsi protégé contre les effets d'une clause à laquelle il

---

[1] Art. L 212-1 du Code de la consommation.

[2] Art. L 442-1 I, 2° du Code de commerce.

[3] Cass. Com. 22 oct. 1996, n° 93-18632, préc. Alors que la Cour de cassation avait ensuite durci sa position en réputant non écrite la clause limitative de responsabilité dès lors que celle-ci portait sur une obligation essentielle du contrat, l'arrêt Faurécia II retient que « seule est réputée non écrite la clause limitative de réparation qui contredit la portée de l'obligation essentielle souscrite par le débiteur » (Com. 29 juin 2010, n° 09-11.841, *RDC* 2010, p. 1220, obs. Y.-M. LAITHIER ; *RDC* 2010, p. 1253, obs. O. DESHAYES ; *D.* 2010, p. 1832, obs. D. MAZEAUD ; *JCP G* 2010, 787, note D. HOUTCIEFF, 1015, obs. Ph. STOFFEL-MUNCK ; *RTD civ.*, p. 555, obs. B. FAGES ; *CCC* 2010, n° 220, obs. L. LEVENEUR).

a pourtant consenti sans peut-être en mesurer la portée ou, alors même qu'il en voyait les excès, sans être en position d'en demander la suppression ou la modification au moment de la formation du contrat.

22. Le nouveau droit des contrats prend également en compte le risque d'abus lorsqu'un élément du contrat est fixé de manière unilatérale par une partie, plaçant l'autre en position de faiblesse. L'ordonnance du 10 février 2016 introduit ainsi dans le Code civil des dispositions protégeant le débiteur contre les abus commis par le créancier dans la fixation unilatérale du prix dans les contrats-cadre[1] et les contrats de prestation de service[2] : le prix peut être fixé unilatéralement par une partie mais, en cas de contestation, ce contractant devra en motiver le montant et l'abus dans la fixation unilatérale du prix pourra donner lieu à sanction[3].

23. Le nouveau droit commun des contrats protège aussi contre un déséquilibre généré par un changement imprévisible de circonstances. En ce domaine, la Cour de cassation s'était montrée inflexible, énonçant dans son célèbre arrêt Canal de Crapone que « dans aucun cas il n'appartient aux tribunaux, quelque équitable que puisse leur paraître leur décision, de prendre en considération le temps et les circonstances pour modifier les conventions des parties et substituer des clauses nouvelles à celles qui ont été librement acceptées par les contractants»[4]. Alors que la Cour de cassation avait, pour l'essentiel, maintenu sa position de gardienne de l'intangibilité du contrat, l'ordonnance du 10 février 2016 est donc venue renverser cette jurisprudence en instaurant un dispositif assez complexe, marqué par une prudence révélatrice des réticences que cette évolution a suscitées. Selon le nouvel article 1195 du Code civil, si un changement de circonstances imprévisible lors de

---

1 Art. 1164 du Code civil.
2 Art. 1165 du Code civil.
3 Le juge pourra, en cas d'abus, être saisi d'une demande tendant à obtenir des dommages et intérêts et, le cas échéant, la résolution du contrat. V. art. 1164 et 1165 du Code civil.
4 Cass. civ., 6 mars 1876, D. 1876, 1, 193, note GIBOULOT.

la conclusion du contrat vient en rendre l'exécution excessivement onéreuse pour une partie, celle-ci peut demander une renégociation du contrat à son cocontractant, ce qui ne la dispensera pas de continuer à exécuter ses obligations durant la renégociation. En cas de refus ou d'échec de la renégociation, les parties peuvent, selon le second alinéa de ce texte, convenir de la résolution du contrat ou demander d'un commun accord au juge de procéder à son adaptation. Il est enfin prévu, qu' « à défaut d'accord dans un délai raisonnable, le juge peut, à la demande d'une partie, réviser le contrat ou y mettre fin, à la date et aux conditions qu'il fixe »[1].

24. Le rapport au Président de la République présente cette innovation comme participant à l'objectif de justice contractuelle poursuivi par l'ordonnance, en ce qu'il permet de lutter contre les déséquilibres contractuels majeurs qui surviennent en cours d'exécution. Pourtant, certains auteurs, qui voient avec réserve la consécration de ce nouveau mécanisme, estiment « qu'il n'est pas certain que la justice contractuelle y gagne tant il est vrai (…) que l'irrévocabilité pouvait être le meilleur bouclier du plus faible »[2]. Ce texte pourrait même, selon ces auteurs, si le déséquilibre qu'il entend corriger n'est appréhendé que de manière objective au regard de l'opération contractuelle, sans considération pour la situation des parties, être « exploité par un contractant en position de force pour arracher une révision à son cocontractant faible dès lors qu'un événement rendra le contrat moins rentable pour lui »[3].

25. Les bouleversements générés par la crise sanitaire liée au Covid 19 dans l'exécution d'innombrables contrats vont amener, à n'en pas

---

[1] Ce texte ayant un caractère supplétif, les parties peuvent convenir d'en écarter l'application et prévoir qu'elles supporteront les conséquences de la survenance de circonstances imprévisibles qui viendraient bouleverser l'économie du contrat.
[2] O. DESHAYES, T. GENICON, Y.-M. LAITHIER, *Réforme du droit des contrats, du régime général et de la preuve des obligations*, *Commentaire article par article*, Lexisnexis, 2e éd., 2018, p. 437.
[3] *Ibid.* p. 452.

douter, les contractants à se saisir de cette nouvelle disposition du Code civil et donner aux juges l'occasion de préciser l'orientation qu'ils entendent donner à ce texte[1]. Il appartiendra à ces derniers de dire si la condition d'excessive onérosité de l'exécution du contrat formulée par l'article 1195 du Code civil doit être appréciée de manière objective, en considération de la seule « valeur de marché des prestations échangées »[2], ce qui limiterait ce dispositif à un outil de préservation de l'équilibre de l'opération économique, ou de manière subjective en prenant en compte la situation de la victime de l'imprévision pour faire de cette nouvelle disposition un outil de protection du débiteur que l'évolution des circonstances a placé en situation de vulnérabilité économique[3]. L'interprétation jurisprudentielle de cette condition fixera la philosophie générale de ce nouveau dispositif.

26. A ce premier niveau de protection octroyé à tout contractant placé dans une conjoncture qui le fragilise, s'ajoute un niveau de protection renforcé réservé à la partie faible au contrat d'adhésion.

---

[1] V. sur l'utilisation de la révision pour imprévision pour répondre aux effets de la crise sanitaire sur l'exécution des contrats : M. MEKKI, « De l'urgence à l'imprévu du Covid-19 : quelle boîte à outils contractuels ? », *AJ contrat* 2020, p. 164 ; C. GRIMALDI, « Quelle jurisprudence demain pour l'épidémie de Covid-19 en droit des contrats ? », D. 2020, p. 827; M. BEHAR-TOUCHAIS, L'impact d'une crise sanitaire sur les contrats en droit commercial. À l'occasion de la pandémie de Covid-19 », *JCP E* n° 15-16, 9 Avril 2020, 1162.

[2] F. CHÉNEDÉ, *Le nouveau droit des obligations et des contrats. Consolidations, innovations, perspectives,* préc., n° 125.63.

[3] En faveur d'une interprétation objective : F. CHÉNEDÉ, *Le nouveau droit des obligations et des contrats. Consolidations, innovations, perspectives,* Dalloz référence, 2019-2020, p. 146, n° 125.63 ; Ph. STOFFEL-MUNCK, « L'imprévision et la réforme des effets du contrat », *RDC* 2016, p. 30 et s., spéc. p. 33 ; J.-S. BORGHETTI, « La force obligatoire des contrats », *Dr. et patr.*, mai 2016, p. 67 et s., spéc. 68 ; M. MEKKI, « De l'urgence à l'imprévu du Covid-19 : quelle boîte à outils contractuels ? », préc. ; en faveur d'une interprétation subjective : B. MERCADAL, *Réforme du droit des contrats : ordonnance du 10 février 2016,* Editions Francis Lefebvre, 2016, n° 613.

II. Une protection renforcée de la partie faible au contrat d'adhésion

27. Les deux règles consacrées par l'ordonnance du 10 février 2016, constitutives du régime embryonnaire du contrat d'adhésion, visent à protéger la partie qui n'a fait qu'adhérer à un contrat comportant un ensemble de clauses non négociables dont le contenu a été déterminé unilatéralement par son cocontractant. La première voie de restauration de l'équilibre du contrat passe par une éradication des clauses abusives (A), la seconde prend la forme d'une règle d'interprétation en faveur de l'adhérent (B).

A. L'ÉRADICATION DES CLAUSES ABUSIVES

28. La politique de lutte contre les clauses abusives, initiée en droit de la consommation par la loi n° 78-23 du 10 janvier 1978[1], étendue aux relations entre professionnels par la loi n° 2008-776 du 4 août 2008[2], trouve un nouveau lieu d'expression avec l'entrée d'un dispositif dédié dans le Code civil. Toutefois, le mécanisme finalement consacré a une portée plus limitée que celui contenu dans le projet d'ordonnance de 2015. Alors que ce texte proposait de doter le droit commun des contrats d'un mécanisme de sanction des clauses créant un déséquilibre significatif entre les droits et obligations des parties sans aucune restriction tenant à la nature du contrat conclu ou au caractère négociable ou négocié de la clause litigieuse, les réticences que ce dispositif a suscitées ont conduit à restreindre son champ d'application. Afin, selon le rapport au Président de la République, « de répondre aux inquiétudes des représentants du monde économique, craignant une atteinte à la sécurité des transactions entre partenaires commerciaux et

---

[1] Loi n° 78-23 du 10 janvier 1978 sur la protection et l'information des consommateurs de produits et de services, JO du 11 janvier 1978, p. 301.

[2] Loi n° 2008-776 du 4 août 2008 de modernisation de l'économie, JO du 5 août 2008, p. 12471.

à l'attractivité du droit français »[1], la sanction des clauses abusives a été circonscrite aux contrats d'adhésion. Cette police des clauses, parce qu'elle affecte le principe de la force obligatoire des contrats, n'est donc admise que lorsque le consentement d'une partie est fragilisé par la détermination unilatérale du contenu du contrat par son cocontractant.

29. Dans sa rédaction issue de l'ordonnance du 10 février 2016, l'article 1171 du Code civil permettait de réputer non écrite « toute clause » du contrat d'adhésion qui crée un déséquilibre significatif entre les droits et obligations des parties. Alors que le contrat d'adhésion était alors défini comme « celui dont les conditions générales, soustraites à la négociation, sont déterminées à l'avance par l'une des parties »[2], le texte laissait ouverte la possibilité de réputer non écrite une clause négociée ou négociable du contrat dès lors qu'elle ne portait ni sur l'objet principal du contrat, ni sur l'adéquation du prix à la prestation[3].

Le vote de la loi de ratification du 20 avril 2018 a été l'occasion de débats nourris tant sur la notion même de contrat d'adhésion que sur l'étendue du contrôle opéré sur le contenu de ce contrat. Alors que l'existence d'« un ensemble de clauses non négociables, déterminées à l'avance par l'une des parties »[4] a été érigée en nouveau critère de qualification du contrat d'adhésion, élargissant ainsi cette catégorie qui ne se limite plus aux seuls contrats de masse, dans le même temps, la sanction des clauses abusives a été circonscrite, selon la nouvelle lettre de l'article 1171 du Code civil issue de la loi du 20 avril 2018, aux

---

[1] Rapport au Président de la République de présentation de l'ordonnance du 10 février 2016.
[2] Art. 1110 al. 2 du C. civ. tel qu'issu de l'ord. du 10 février 2016, préc., art. 2.
[3] Art. 1171 du C. civ. tel qu'issu de l'ord. du 10 février 2016, préc., art. 2. Conformément aux dispositions du I de l'article 16 de la loi n° 2018-287 du 20 avril 2018, la première version des nouveaux articles 1110 al. 2 et 1171 du Code civil demeure applicable aux contrats conclus entre le 1er octobre 2016 et le 30 septembre 2018.
[4] Art. 1110 al. 2 du C. civ. tel que modifié par loi n° 2018-287 du 20 avril 2018, préc., art. 2.

clauses non négociables qui ont fait l'objet d'une détermination unilatérale par l'une des parties[1].

30. L'article 1171 du Code civil fait, comme le Code de la consommation et le Code de commerce, usage de la notion de « déséquilibre significatif entre les droits et obligations des parties » pour caractériser la clause abusive. Le Conseil constitutionnel a jugé que la règle du Code de commerce, bien que formulée à l'aide d'un standard, satisfaisait au principe de légalité car le terme de déséquilibre significatif qu'elle emploie est par avance connu dans la mesure où il a été précédemment employé par le Code de la consommation et a déjà été explicité par la jurisprudence[2]. La Cour de cassation s'est toutefois départie de cette vision unitaire de la notion de « déséquilibre significatif » en relevant que l'usage de notions similaires par le Code de la consommation et le Code de commerce « n'exclut pas qu'il puisse exister entre elles des différences de régime tenant aux objectifs poursuivis par le législateur dans chacun de ces domaines »[3]. Les juges devraient pareillement pouvoir construire un régime spécifique à la notion civiliste de déséquilibre significatif.

31. La réception dans le droit commun des contrats d'un dispositif de lutte contre les clauses abusives soulève alors la question de son articulation avec ceux déjà inscrits dans le Code de la consommation et

---

[1] Art. 1171 du C. civ. tel que modifié par loi n° 2018-287 du 20 avril 2018, préc., art. 7.

[2] Cons. const., 13 janv. 2011, n° 2010-85 QPC : D. MAINGUY, « Le Conseil constitutionnel et l'article L. 442-6 du Code de commerce », *JCP E* 2011, n° 7, 1136 ; Y. PICOD, « Le déséquilibre significatif et le Conseil Constitutionnel », *D.* 2011, p. 414 ; M. CHAGNY, « Le Conseil constitutionnel considère que l'article L. 442-6, III, alinéa 2, du Code de commerce ne contrevient pas aux droits et libertés garantis pas la Constitution, mais assortit sa décision d'une réserve d'interprétation (Système U) », *Concurrences*, sept. 2011, n° 3, p. 129 ; J.-L. FOURGOUX, « Déséquilibre significatif : une validation par le Conseil constitutionnel qui marie droit de la concurrence et droit de la consommation en matière de clauses abusives », *Contrats, conc., consom.* 2011, étude 5, p. 13.

[3] Cass. com., 25 janvier 2017, n°15-23547, D. 2017, p. 481, note F. BUY ; *JCP G* 2017, doctr. 255, note M. BEHAR-TOUCHAIS ; *Gaz. Pal.* 18 avril 2017, n° 15, p. 37, note D. HOUTCIEFF.

le Code de commerce. L'article L 212-1 du Code de la consommation sanctionne les clauses abusives insérées dans les contrats conclus entre professionnels et consommateurs ou non-professionnels, en s'appuyant sur des listes de clauses présumées abusives de manière simple ou irréfragable[1]. C'est une partie importante des contrats d'adhésion qui est ainsi captée par le dispositif du Code de la consommation de lutte contre les clauses abusives. L'efficacité de celui-ci, renforcée par les actions que peuvent introduire les associations de consommateurs mais aussi la DGCCRF, semble qui plus est enlever tout intérêt à l'invocation du Code civil en ce domaine, à supposer que le juge l'autorise.

S'agissant des contrats conclus entre professionnels, l'ancien article L 442-6, I, 2e du Code de commerce s'appliquait à « tout producteur, commerçant, industriel ou personne immatriculée au répertoire des métiers » qui pouvait voir sa responsabilité engagée s'il était démontré qu'il avait soumis ou tenté de soumettre « un partenaire commercial » à des obligations créant un déséquilibre significatif dans les droits et obligations des parties. L'interprétation restrictive retenue dans un premier temps par la jurisprudence de la notion de « partenaire commercial », en limitant le contrôle judiciaire aux relations suivies[2] et ayant une nature commerciale[3], laissait penser que l'article 1171 du Code civil pourrait fournir un recours utile aux professionnels exclus du champ d'application du texte du Code de commerce. La Cour de cassation retiendra finalement une interprétation plus large de la notion de « partenaire commercial »[4] alors que l'ordonnance n° 2019-359 du 24 avril 2019, venue réécrire les dispositions du Code de commerce relatives aux pratiques restrictives de concurrence, avait déjà renoncé à

---

[1] Art. R 212-1 et R 212-2 du Code de la consommation.

[2] CA Paris, pôle 5, ch. 4, 27 sept. 2017, n° 16/00671, AJ contrat 2017, p. 535, obs. N. ERÉSÉO ; *RTD civ.* 2018, p. 114, obs. H. BARBIER ; *RTD com.* 2018, p. 635, obs. M. CHAGNY

[3] V. par ex. Cass. 1ère civ., 20 février 2019, pourvoi n°17-27.967, *Concurrences*, 2019, p. 102, obs. Ph. BUY, excluant l'application du texte à un contrat de collaboration libérale.

[4] Cass. com., 15 janv. 2020, JCP G 2020, 306, note F. BUY ; *Gaz. Pal.* 4 février 2020, n° 5, p. 36, obs. C. BERLAUD ; *LPA* 3 mars 2020, n° 53, p. 14, note H. HADJ-AÏSSA.

utiliser cette notion[1]. Le nouvel article L. 442-1 du Code commerce élargit de manière significative le champ d'application du dispositif de lutte contre les clauses abusives entre professionnels en l'étendant à « toute personne exerçant des activités de production, de distribution ou de services » qui « dans le cadre de la négociation commerciale, de la conclusion ou de l'exécution d'un contrat », soumet ou tente de soumettre « l'autre partie à des obligations créant un déséquilibre significatif dans les droits et obligations des parties ». Ce nouveau texte appréhende ainsi l'ensemble des activités économiques, là où le texte ancien était plus restrictif, laissant ce faisant peu de place au dispositif du Code civil pour se déployer. Le contrôle mis en œuvre sur le fondement du texte du Code de commerce peut, qui plus est, porter sur l'adéquation du prix à la prestation[2], ce qui lui confère un attrait

---

[1] Ord. n° 2019-359 du 24 avril 2019 portant refonte du titre IV du livre IV du code de commerce relatif à la transparence, aux pratiques restrictives de concurrence et aux autres pratiques prohibées, JO n°0097 du 25 avril 2019, texte n° 16. V. M. Behar-Touchais, « Les différentes pratiques restrictives de concurrence dans les ordonnances du 24 avril 2019 », JCP E 2019, p. 26 ; M. CHAGNY, « Quelle mise œuvre du titre IV du livre IV du Code de commerce après sa refonte par voie d'ordonnance ? », *JCP E* 2019, p. 42 ; C. MOULY-GUILLEMAUD, « Déséquilibre significatif et rupture brutale : variations introduites par la refonte du titre IV du livre IV du Code de commerce », *Revue Lamy droit civil* 2019, p. 172 ; N. DISSAUX et R. LOIR, « Relations commerciales. Réforme d'ampleur du droit des relations commerciales », *JCP G* 2019, act. 589.

[2] V. Com. 25 janv. 2017, préc., précisant que l'article L. 442-6, I, 2° du Code de commerce « n'exclut pas, contrairement à l'article L. 212-1 du code de la consommation, que le déséquilibre significatif puisse résulter d'une inadéquation du prix au bien vendu » et autorise donc « un contrôle judiciaire du prix, dès lors que celui-ci ne résulte pas d'une libre négociation et caractérise un déséquilibre significatif dans les droits et obligations des parties » et Cons. const., 30 nov. 2018, n° 2018-749 QPC, D. 2019. 783, obs. N. FERRIER ; *AJ contrat* 2019. 29, obs. F. BUY ; *JCP* E 2018, 1638, obs. M. BEHAR-TOUCHAIS.

supplémentaire par rapport à l'article 1171 al. 2 du Code civil qui l'exclut[1].

32. Si les juges décident, conformément à ce qui ressort des travaux parlementaires de la loi de ratification du 20 avril 2018, de ne permettre l'application de l'article 1171 du Code civil « que lorsque les textes spéciaux du code de la consommation et du code de commerce, eux, ne sont pas applicables »[2], il ne resterait donc plus guère au texte de droit commun que le domaine des contrats d'adhésion conclus entre particuliers pour prospérer. Les juges pourraient toutefois, pour autoriser l'option, considérer que la règle *Specialia generalibus derogant*, reprise par l'article 1105 du Code civil, ne trouve pas à s'appliquer, les règles spéciales ne pouvant écarter la règle générale que lorsqu'elles formulent des solutions antinomiques, ce qui peut difficilement être retenu en la matière[3]. Compte tenu des avantages offerts par les règles spéciales dans leurs domaines respectifs, il n'est toutefois pas certain que l'autorisation d'une application optionnelle garantisse un avenir florissant à l'article 1171 du Code civil en dehors du champ non couvert par les autres textes.

---

[1] Les possibilités de contrôle de la lésion en droit commercial sont au contraire étendues par les nouvelles dispositions du Code de commerce. V. C. com., art. L. 442-1, I, 1° tel qu'issu de l'ordonnance n° 2019-359 du 24 avril 2019 portant réforme du titre IV du livre IV du Code de commerce qui condamne le fait « 1°/ D'obtenir ou de tenter d'obtenir de l'autre partie un avantage ne correspondant à aucune contrepartie ou manifestement disproportionné au regard de la valeur de la contrepartie consentie ». V. M. BEHAR-TOUCHAIS, « Le contrôle de la lésion en droit commercial, avec l'interdiction de l'avantage disproportionné », *RDC* 2019, n° 4, p. 41.

[2] N. BELLOUBET, Garde des sceaux, Assemblée nationale XVe législature, Session ordinaire de 2017-2018, Séance du lundi 11 décembre 2017 (http://www.assemblee-nationale.fr/15/cri/2017-2018/20180092.asp).

[3] V. not. M. LATINA, « Les clauses abusives dans les contrats d'adhésion en droit français », *in* G. CHANTEPIE et M. LATINA (dir.), *Le contrat d'adhésion : perspectives franco-québécoises*, Dalloz, coll. Thèmes et commentaires, 2018, p.123, spéc. p. 135 et s. ; D. FENOUILLET, « Le juge et les clauses abusives », *RDC* 2016, p. 358, n° 49 et s.

33. L'autre règle protectrice de la partie faible au contrat d'adhésion - l'interprétation du contrat en faveur de l'adhérent – se trouve confrontée à une même difficulté d'articulation des textes.

B. L'INTERPRÉTATION DU CONTRAT EN FAVEUR DE L'ADHÉRENT

34. Le contrat d'adhésion étant caractérisé par une détermination unilatérale de son contenu, il semblait vain de vouloir l'interpréter en recherchant, conformément aux règles d'interprétation formulées par le Code civil de 1804, une commune intention qui, par hypothèse, n'existe pas. Les juges ont alors été tentés de mobiliser la règle formulée par l'ancien article 1162 du Code civil selon laquelle « dans le doute, la convention s'interprète contre celui qui a stipulé et en faveur de celui qui a contracté l'obligation ». Josserand relevait que cette disposition, « écrite pour le type traditionnel des contrats de gré à gré » est « sans application possible au contrat d'adhésion, dans la préparation duquel l'adhérent n'a joué aucun rôle effectif »[1]. La jurisprudence y verra pourtant le moyen de s'émanciper du modèle d'interprétation fourni par le Code civil, serait-ce au prix d'une dénaturation du texte, et de procéder à un rééquilibrage du contrat par la voie d'une interprétation en faveur de l'adhérent[2].

35. L'ordonnance du 10 février 2016 conserve le modèle d'une interprétation fondée sur la recherche de la commune intention des parties[3]. Elle complète cette directive par un nombre limité de dispositions, parmi lesquelles figurent une règle nouvelle relative à l'interprétation du contrat d'adhésion qui précise que, dans le doute, le contrat d'adhésion s'interprète « contre celui qui l'a proposé »[4]. Le

---

[1] L. JOSSERAND, « Aperçu général des tendances actuelles de la théorie des contrats », *RTD civ.* 1937, p. 1 et s., spéc. p. 11.
[2] T. REVET, « L'uniformisation de l'interprétation : contrats types et contrats d'adhésion », *RDC* 2015, p. 199, n° 7 et s.
[3] Art. 1188 du Code civil.
[4] Art. 1190 du Code civil.

même texte énonce que « dans le doute, le contrat de gré à gré s'interprète contre le créancier et en faveur du débiteur ». Il est ainsi mis fin à la confusion née d'un mauvais usage de l'ancien article 1162 du Code civil.

36. Cette règle d'interprétation *contra proferentem* formulée par l'article 1190 du Code civil fait écho à celle énoncée par l'article L 211-1 al. 2 du Code de la consommation au terme duquel les clauses des contrats proposés par les professionnels aux consommateurs « s'interprètent en cas de doute dans le sens le plus favorable au consommateur ». Les deux textes énoncent des directives d'interprétation convergentes, concourant toutes deux à la restauration de l'équilibre d'un contrat obscur.

37. En revanche, l'articulation de la règle d'interprétation *contra proferentem* formulée par le Code civil avec les autres directives contenues dans ce même *corpus* donne lieu à des lectures doctrinales divergentes. Faut-il en premier lieu faire application de l'article 1188 al 2 du Code civil qui énonce que lorsque la commune intention des parties ne peut être décelée, le contrat s'interprète selon le sens que lui donnerait une personne raisonnable placée dans la même situation, la règle d'interprétation *contra proferentem* ne s'appliquant que de manière subsidiaire lorsque le doute persiste à l'issue de cette première recherche[1] ? Faut-il, au contraire, considérer que l'interprétation en faveur de l'adhérent est une règle autonome qui s'applique à chaque fois que l'interprétation d'un contrat d'adhésion est requise[2] ? Il appartiendra aux juges d'opter pour l'une ou l'autre de ces voies.

38. Si le législateur a instauré des règles spécifiques destinées à pallier le déséquilibre structurel du contrat d'adhésion, la protection de

---

[1] O. DESHAYES, T. GENICON, Y.-M. LAITHIER, *Réforme du droit des contrats, du régime général et de la preuve des obligations, Commentaire article par article*, *op. cit.*, p. 424-425.

[2] T. REVET, « Une philosophie générale ? », préc., n° 13 ; A. ETIENNEY-DE SAINTE MARIE, « L'interprétation du contrat d'adhésion », RDC 2019, n° 2, p.146, n° 16 et s.

l'adhérent ne repose toutefois pas exclusivement sur celles-ci. La partie faible au contrat d'adhésion peut également chercher protection en invoquant les dispositions du droit commun des contrats qui endossent une fonction protectrice[1]. À l'inverse, la partie faible protégée par le nouveau droit des contrats ne se limite pas à la figure de l'adhérent au contrat d'adhésion : le Code civil fait bénéficier de mécanismes protecteurs tout contractant que le contexte de conclusion ou d'exécution du contrat place en position de vulnérabilité. C'est donc un double niveau de protection qui est ainsi instauré, par deux corps de règles s'inscrivant dans le droit commun des contrats.

[1] V. N. BLANC, « L'équilibre du contrat d'adhésion », RDC 2019, p. 155, n° 20.

La partie faible et le droit civil au Japon : mythe et réalité

Aya OHSAWA
Professeur à l'Université HOSEI, Tokyo, Japon

1. Le souci de protection de la partie faible, par exemple, au sein de la relation entre le consommateur et le professionnel, entre le locataire et le bailleur, ou entre l'employeur et l'employé est pris en compte par le droit spécial hors du Code civil au Japon : la loi spéciale sur le contrat de consommation, la loi sur la location d'un terrain et d'un immeuble, et les lois spéciales concernant la protection du travailleur. En revanche, théoriquement, la « personne » dans le Code civil japonais est considérée comme une notion uniforme, à l'exception du mineur et des personnes protégées par un régime légal de protection (tutelle, curatelle et sauvegarde). Toutefois, comme ce fut le cas lors de la discussion relative à la réforme du droit des contrats en France, nous avons pris en considération le déséquilibre existant entre les parties contractantes lors de la réforme du droit des obligations et des contrats au Japon. Concrètement, en maintenant le principe de l'unité de la « personne » dans le Code civil, nous avons réfléchi à l'introduction de la notion de « consommateur » et de « professionnel » dans le Code civil, ce qui a entrainé un vif débat sur la relation entre le Code civil et le droit de la consommation. En même temps, l'intégration dans le Code civil, tant des dispositions du droit de la consommation que des jurisprudences fixées et de la doctrine concernant la protection de la partie faible, a été un des sujets vivants dans la doctrine japonaise. Nonobstant une discussion très animée, ces propositions n'ont pas été reprises dans la réforme du Code civil japonais sur le droit des obligations adoptée le 26 mai 2017 (entrée en vigueur au 1er avril 2020). En revanche, après cette réforme en 2017, la protection de la partie faible, notamment la personne âgée et la personne jeune, a été examinée dans la réforme du droit de la consommation. Ainsi, le Code civil serait-il indifférent à la protection de la partie faible ? Et, plus fondamentalement, qu'est-ce que la partie faible ? Pour y réfléchir, nous allons envisager, d'un côté, la discussion concernant la protection de la partie faible dans la réforme

du Code civil japonais (I), et, de l'autre côté, les nouvelles dispositions du Code civil et de la loi sur le contrat de consommation (II).

I. La partie faible et droit civil dans la discussion de la réforme du Code civil : mythe

A. LA « PERSONNE » ET LA PARTIE FAIBLE DANS LE DROIT CIVIL

2. Au cours des discussions portant sur la réforme du Code civil, la relation entre le Code civil et le droit de la consommation a suscité un vif débat. Plus précisément, deux sujets ont été lancés par une commission composée de civilistes universitaires (« une commission doctrinale ») : d'une part, des dispositions dans la loi sur le contrat de consommation pourront-elles être généralisées et inscrites dans le Code civil pour s'appliquer à tous les contrats ? D'autre part, les dispositions spéciales prévues dans la loi sur le contrat de consommation devront-elles être déplacées dans le Code civil ? Cette commission a déclaré que le Code civil japonais devait traiter des sujets portant sur le « consommateur » et le « professionnel ». D'ailleurs, la définition du « consommateur » et du « professionnel » a été introduite dans l'avant-projet proposé par cette commission.

3. S'agissant de la « généralisation » des dispositions de droit de la consommation, cette commission a proposé d'introduire une disposition générale sur les mentions déloyales de la loi sur le contrat de consommateurs (art. 4) en élargissant le champ d'application à l'ensemble des contrats du droit commun. Dans le même temps, l'avant-projet proposé par cette commission constatait que les dispositions de la loi sur le contrat de consommation, de même que celles sur la clause abusive et la disposition spéciale sur la violence, ainsi que des dispositions spéciales entre professionnels avaient été disséminées dans le Code civil. De plus, des listes de clauses abusives, qui s'appliquent non seulement au contrat de consommation mais aussi

aux conditions générales, ont été proposées dans cet avant-projet[1]. Grâce à ces propositions, la relation entre le droit civil et le droit de la consommation se trouvait systématisée[2]. Toutefois, quelques professeurs se sont opposés à l'intégration des dispositions du droit de la consommation et des définitions des termes de « consommateur/professionnel » dans le Code civil. Selon eux, parce que les dispositions du droit de la consommation sont souvent modifiées et, en raison de la « pluridisciplinarité » du droit de la consommation, celui-ci devait être maintenu détaché du Code civil, à l'image du Code de la consommation en France[3]. Par ailleurs, afin de réfléchir sur ces sujets, il était proposé de réexaminer la notion de « personne » dans le Code civil, laquelle est en principe uniforme en droit commun[4].

4. En conséquence, les propositions concernant l'intégration des dispositions du droit de la consommation dans le Code civil n'ont pas été adoptées dans le nouveau Code civil japonais. En effet, l'introduction de ces dispositions auraient pu mettre en lumière leur incohérence avec l'idéologie du Code civil : alors que les dispositions du Code civil s'appliquent à toute personne de manière identique, il existerait alors quelques règles destinées à la protection des consommateurs dans le Code civil. De plus, selon quelques auteurs, la notion de « consommateur » n'est pas une notion inférieure à celle de « personne » du Code civil. Autrement dit, la « personne » du Code civil est en même temps un « consommateur » dans une situation de vie quotidienne, de sorte que les définitions de « consommateur » et de « professionnel » n'ont pas pu être introduites parallèlement à la notion de « personne ». Certes, ce faisant, on aurait pris en considération un

---

[1] La Commission doctrinale sur la réforme du Code civil japonais (droit des obligations), *l'Avant-projet de la réforme du droit des obligations du Code civil japonais*, Shojihoumu, 2009, p. 26 et 73 (en japonais).

[2] V. Makinori GOTO, *Le contrat de consommation et la réforme du Code civil*, Koubundou, 2013, pp. 330 et s. (en japonais).

[3] V. Shoji KAWAKAMI, *Le Code civil et le droit de la consommation*, dans Revue de droit de la consommation, n° 1, 2016, pp. 10 et s. (en japonais).

[4] Sur cette discussion, v. Makinori GOTO, *op. cit.*, pp. 314 et s.

déséquilibre concernant l'information et la puissance dans la négociation entre des parties non seulement en droit de la consommation mais aussi dans le Code civil. Cependant, comme quelques auteurs l'ont signalé, ce n'est pas seulement entre le consommateur et le professionnel que nous devons prendre en compte un déséquilibre concernant l'information et la puissance dans la négociation entre des parties, mais aussi entre le locataire et le bailleur, entre le grand distributeur et la petite ou moyenne entreprise (PME) ou encore entre l'employeur et l'employé. Afin de protéger cette variété de partie faible, il faut plutôt remarquer le caractère « relatif » de cette faiblesse en tenant compte de la situation à l'origine de cette faiblesse vis-à-vis du cocontractant[1], ce qui a parfois été effectué par la jurisprudence et la doctrine japonaise.

B. LES THÉORIES JURISPRUDENTIELLES ET LA PARTIE FAIBLE EN DROIT CIVIL

5. Au Japon, la théorie doctrinale et jurisprudentielle en droit commun permet déjà de protéger la partie faible dans le contrat, ce qui a été pris en considération au cours de la réforme du Code civil.

6. Premièrement, selon la jurisprudence et la doctrine japonaise, un contractant qui a connaissance d'informations sur le contrat doit les communiquer à son cocontractant en application du principe de bonne foi[2], pour que celui-ci puisse apprécier pleinement les intérêts de son contrat. Notamment, si le cocontractant est un spécialiste (par exemple, médecin ou avocat), l'obligation de communication des informations est renforcée. Si une partie n'est pas suffisamment informée avant la conclusion du contrat, elle peut demander à son cocontractant des dommages et intérêts. Selon un arrêt de la Cour suprême japonaise, ces dommages sont fondés sur la responsabilité délictuelle[3], mais certains

---

[1] V. Shoji KAWAKAMI, *op. cit.*, pp. 10 et s.
[2] Art. 1, al. 2 du Code civil (*Minpô*).
[3] Cour suprême du Japon, 22 avril 2011, Hanrei-jihou n° 2116, p. 53.

auteurs estiment qu'il s'agit de responsabilité contractuelle. En outre, le cocontractant peut annuler le contrat s'appuyant sur l'erreur[1] et le dol[2], en tenant compte du manquement à cette obligation. La commission doctrinale avait essayé d'intégrer cette obligation d'information jurisprudentielle dans le Code civil à l'occasion de la réforme du Code civil japonais, mais sans succès.

7. Deuxièmement, concernant l'équivalence des prestations, il convient de s'interroger sur la théorie jurisprudentielle portant sur un acte usuraire par lequel une partie obtient un avantage manifestement excessif[3], comme pour la lésion en France. Selon cette théorie, le fait qu'une partie contractuelle tire un avantage manifestement excessif en exploitant le « fait qu'un cocontractant ne puisse pas faire un jugement raisonnable » est une cause de nullité du contrat. Traditionnellement, dans la jurisprudence japonaise, celui qui souhaite annuler un contrat en raison d'un acte usuraire doit prouver l'existence de deux éléments : d'une part, le déséquilibre des prestations et, d'autre part, l'exploitation par l'une des parties contractantes de la gêne, de la légèreté ou de l'inexpérience de l'autre[4]. S'appuyant sur cette théorie, par exemple, une clause pénale insérée dans un contrat de prêt et un contrat de consommation peut être annulée. Si la jurisprudence applique les deux éléments ci-dessus très rigoureusement, cette théorie nous semble toutefois efficace pour annuler un contrat résultant de l'abus de faiblesse d'une partie par l'autre, en tenant compte par exemple de leur manque de connaissance et d'expérience ou de leur âge[5]. Ainsi, le législateur a envisagé de consacrer la notion d'acte usuraire et d'élargir les deux éléments constitutifs de celui-ci. Ainsi, l'avant-projet rédigé par la commission doctrinale a proposé d'admettre l'acte usuraire non seulement pour l'exploitation par l'une des parties contractantes de la

---

[1] Art. 95 du Code civil (*Minpô*).
[2] Art. 96 du Code civil (*Minpô*).
[3] Art. 90 du Code civil (*Minpô*) : « Les actes juridiques ayant pour objet de porter atteinte à l'ordre public ou aux bonnes mœurs sont nuls ».
[4] Cour suprême du Japon, 1er mai 1934, Min-Shu vol.13, p.875.
[5] Par ex., TGI de Fukuoka, arrêt 7 juil. 2010, shouhisya-hou-news n° 86, p. 136.

gêne, de l'imprudence ou de l'inexpérience de l'autre, mais aussi dans l'hypothèse d'une situation de dépendance, d'une situation de contrainte, d'ignorance, ou du manque d'informations de l'autre[1]. Dans la discussion ayant eu lieu au sein du conseil législatif du Ministère de la justice, différents professeurs ont proposé, sans succès, de consacrer cette théorie dans la loi, en élargissant ces deux éléments.

8. Troisièmement, les clauses abusives sont considérées nulles en s'appuyant sur l'ordre public[2], la bonne foi[3], l'interprétation des contrats, et, en matière de droit de la consommation, sur les articles 8, 8-2, 8-3, 9, et 10 de la loi sur les contrats de consommation. Afin d'assurer la sécurité juridique, une disposition, inspirée de la loi sur le contrat de consommation[4], qui définissait les clauses abusives a été proposée dans l'avant-projet rédigé par la commission doctrinale[5]. Cette disposition visait tant le contrôle des clauses abusives entre professionnels et consommateurs que celui des contrats conclus en application des conditions générales des contrats, y compris des contrats entre professionnels. En outre, cet avant-projet distinguait quatre types de listes de clauses abusives : les listes noire et grise s'appliquant aux contrats de consommation et les liste noire et grise s'appliquant aux contrats en application des conditions générales des contrats[6]. Au premier stade de la discussion au sein du Conseil législatif chargé du droit des obligations du Ministère de la justice, nous nous

---

[1] Par ex., art. 1.5.02 de l'Avant-projet de réforme du droit des obligations du Code civil japonais (*Minpô*), qui a été présenté en mars 2009 par la Commission doctrinale sur la réforme du Code civil japonais : http://www.shojihomu.or.jp/ saikenhou/ English/index_e.html

[2] Art. 90 du Code civil (*Minpô*).

[3] Art. 1, al. 2 du Code civil (*Minpô*).

[4] Article 10 de la loi sur les contrats de consommation : « les clauses qui limitent les droits des consommateurs ou accroissent les obligations des consommateurs au-delà de l'application des dispositions facultatives, comme la clause qui prévoit que le silence d'un consommateur est considéré comme l'accord de ce consommateur pour un contrat, et qui violent des intérêts des consommateurs au point de déroger au principe fondamental de l'article 1, al. 2 du Code civil, sont invalides ».

[5] http://www.shojihomu.or.jp/saikenhou/ English/index_e.html

[6] Art. 3.1.1.B et s. de l'Avant-projet de réforme du droit des obligations du Code civil japonais (*Minpô*) : http://www.shojihomu.or.jp/saikenhou/ English/index_e.html)

sommes interrogés sur la possibilité d'introduire quelques dispositions quant à l'efficacité des conditions générales d'une partie à l'égard de l'autre (c'est-à-dire, incorporation des conditions générales au contrat), bien que l'une des parties n'ait pas réellement accepté les clauses dans les conditions générales. Dans le même temps, nous nous sommes également demandé s'il était possible de réaliser soit un contrôle des clauses abusives dans le Code civil, élargi à toutes les conditions générales, soit un contrôle des clauses non négociées. Cependant, le Ministère de la justice a finalement créé, afin de répondre aux inquiétudes des représentants du monde économique, qui craignaient que toutes les conditions générales entre professionnels soient contrôlées par ces nouvelles dispositions, la notion de « conditions générales standardisées », notion qui est plus limitée que celle de « conditions générales » proposées par la doctrine japonaise. C'est ce qu'il nous faut examiner à présent.

II. La partie faible et droit civil après la réforme du Code civil : réalité

9. Finalement, le Code civil a été totalement séparé du droit de la consommation après cette réforme et la théorie applicable à la protection de la partie faible n'a pas été insérée dans le Code civil. On peut donc dire, qu'au moins au niveau législatif, la protection de la partie faible ne semble pas être l'affaire du Code civil. En revanche, afin d'adapter le droit des contrats aux nécessités économique et sociale contemporaines, de nouvelles dispositions sur les conditions générales standardisées ont été insérées dans le Code civil japonais. Ces dispositions sont-elles des outils de protection de la partie faible ? En d'autres termes, le Code civil japonais constitue-t-il encore un « arsenal » dans le cadre de la protection de la partie faible ? Au contraire, n'ayant pas suffisamment été prise en compte dans la réforme du Code civil, la protection de la partie faible restera-telle du domaine du droit de la consommation, c'est-à-dire de la réforme de la loi sur le contrat de consommation de 2016 et de 2018 ?

A. LA PROTECTION DE LA PARTIE FAIBLE SERA-T-ELLE PRISE EN COMPTE PAR LE NOUVEAU CODE CIVIL ? : LES CONDITIONS GÉNÉRALES STANDARDISÉES (ART. 548-2 ET S. DU CODE CIVIL JAPONAIS)

10. Après un vif débat en vue de l'introduction de dispositions concernant tant l'incorporation des conditions générales au contrat qu'un contrôle des clauses abusives dans le Code civil, la nouvelle notion de « conditions générales standardisées » est apparue au sein du Code civil. Toutefois, cette notion est plus limitée que les « conditions générales » que visaient la doctrine japonaise. En outre, le contrôle des clauses abusives dans ces nouvelles dispositions est distinct du contrôle opéré par la doctrine et la jurisprudence, et se distingue de celui prévu dans la loi sur le contrat de consommation.

11. Tout d'abord, selon l'article 548-2, alinéa 1 du nouveau Code civil japonais[1], les « conditions générales standardisées » sont définies comme l'ensemble des clauses qui sont préparées à l'avance et sont destinées à être intégrées dans le contrat par l'une des parties dans le cadre des « relations d'affaires standardisées ». Les « relations d'affaires standardisées » sont définies par le même article comme « les affaires que l'une des parties destine à une multitude de personnes indéterminées, dont les conditions générales totalement ou partiellement standardisées sont raisonnables pour les deux parties ». Peu importe que ces conditions générales soient utilisées dans les

---

[1] L'article 548-2, al. 1 du nouveau Code civil japonais (*Minpô*) énonce :
« On considère que des parties qui font des affaires standardisées (les affaires que l'une des parties destine à une multitude de personnes indéterminées, dont les conditions générales totalement ou partiellement standardisées sont raisonnables pour les deux parties) ont accepté des clauses de conditions générales standardisées (l'ensemble des clauses qui sont préparées à l'avance et sont destinées à être intégrées dans le contrat par l'une des parties) dans les cas suivants ;
1° quand des parties se sont mises d'accord pour faire une affaire standardisée et ont validé les conditions générales standardisées dans le contrat.
2° quand la partie qui les a préparées a manifesté à l'avance sa volonté de valider ces conditions générales standardisées ».

relations entre professionnels ou préparées par l'une des parties sur la base des contrats-type.

12. En second lieu, les parties qui font des affaires standardisées acceptent des clauses de conditions générales standardisées dans les cas suivants. D'une part, les parties se sont mises d'accord pour faire une affaire standardisée et valider les conditions générales standardisées dans le contrat[1]. Ce consentement est non seulement celui qui est exprimé mais aussi celui qui est donné tacitement. D'autre part, même s'il n'y a pas de « consentement pour valider des conditions générales standardisées », on considère que les parties ont accepté les clauses dans les conditions générales standardisées quand la partie qui les a préparées a « manifesté à l'avance sa volonté de valider ces conditions générales standardisées »[2].

13. Cependant, à l'inverse de ce que préconise la doctrine japonaise, la communication des conditions générales avant la conclusion de contrat ou, du moins, la garantie que l'autre puisse connaitre le contenu des conditions générales n'est pas exigée pour les valider dans le contrat. Certes, la partie qui a préparé les conditions générales standardisées est tenue de les communiquer si l'autre partie le lui demande[3] et, en cas de refus, celle-ci n'est pas tenue d'accepter les clauses de ces conditions générales standardisées[4]. Cependant, selon le texte de l'article 548-2, la première partie n'est tenue de les communiquer qu'après demande de la seconde. Selon le législateur, cela résulte du fait qu'il est difficile pour la partie qui a préparé des conditions générales standardisées de les communiquer efficacement pour affirmer leur validité dans ce contrat. En réalité, les cocontractants ne lisent guère le contenu des conditions générales standardisées. Cependant, les cocontractants

[1] Art. 548-2, al. 1, 1° du Code civil (*Minpô*).
[2] Art. 548-2, al. 2, 2° du Code civil (*Minpô*).
[3] Art. 548-3, al. 1 du Code civil (*Minpô*).
[4] Art. 548-3, al. 2 du Code civil (*Minpô*).

faibles, notamment les consommateurs pourront-ils lui demander la communication des conditions générales standardisées ?

14. Finalement, selon l'article 548-2, alinéa 2[1], au sein des clauses examinées, les clauses qui limitent les droits des cocontractants ou accroissent ses obligations, et qui violent les intérêts des cocontractants au point de déroger au principe fondamental de l'article 1, alinéa 2 du Code civil (le principe de bonne foi), en tenant compte de l'aspect objectif et la situation actuelle de cette affaire, ainsi que l'idée reçue sur l'affaire, sont considérées comme non acceptées par l'autre partie. La condition visant « des intérêts des cocontractants au point de déroger au principe fondamental de l'article 1, alinéa 2 du Code civil », ressemble à la condition portant sur des clauses abusives dans l'article 10 de la loi sur les contrats de consommation. Toutefois, selon le législateur, alors que le déséquilibre des informations et de la capacité de négociation entre professionnels et consommateurs est pris en considération lors de l'appréciation de la clause abusive de l'article 10 de cette loi, l'article 548-2, alinéa 2 prévoit des éléments comme « l'aspect objectif et la situation actuelle de cette relation d'affaire », ou encore « l'idée préconçue quant à la relation d'affaire ». D'une part, « l'aspect objectif » de l'affaire s'apprécie au regard de la particularité des conditions générales standardisées, dans lesquelles il existerait des clauses auxquelles l'autre partie ne peut s'attendre. D'autre part, s'agissant de « la situation actuelle de cette relation d'affaire », ainsi que de « l'idée préconçue quant à la relation d'affaire », on pourra l'apprécier en se référant à toutes les circonstances de cette affaire, non seulement le contenu de ces clauses, mais aussi le contenu des autres clauses de ce contrat, la raison d'être de ces clauses, les circonstances

[1] L'article 548-2, al. 2 du Code civil (*Minpô*) énonce : « parmi des clauses qui sont examinées par l'art. 548-2, alinéa 1, les clauses qui limitent les droits des cocontractants ou accroissent ses obligations, et qui violent les intérêts des cocontractants au point de déroger au principe fondamental de l'article 1, al. 2 du Code civil (principe de bonne foi), en tenant compte de l'aspect objectif et la situation actuelle de cette affaire, ainsi que l'idée reçue sur l'affaire, sont considérées comme non acceptées par l'autre partie ».

qui entourent sa conclusion et la loyauté des affaires[1]. De plus, alors que l'article 10 de la loi sur les contrats de consommation annule la clause abusive déjà conclue par des parties, l'article 548-2, alinéa 2 dispose que la clause abusive « est considérée comme non acceptée ».

15. Cependant, puisque les termes employés par les deux articles sont identiques, pourra-t-on vraiment et parfaitement les distinguer ? Il nous semble que, lors de l'appréciation de « la situation actuelle de cette affaire » visée par l'article 548-2, alinéa 2, le déséquilibre des informations et de la capacité de négociation entre professionnels et consommateurs sera bien mis en considération, puisque la plupart des « cocontractants » de la partie qui rédige ces conditions générales standardisées seront « des consommateurs ». Toutefois, en principe, il nous semble que ces nouvelles dispositions soulignent la « standardisation » des prestations, plutôt que la protection de la partie faible, contrairement à la proposition émise par la doctrine ainsi que lors de la discussion de première étape du Conseil législatif, chargé du droit des obligations, du Ministère de la justice. En effet, selon l'article 548-2 du Code civil, le consommateur sera facilement considéré comme ayant accepté les conditions générales standardisées, sans réellement avoir connaissance de leur contenu. Par ailleurs, les dispositions qui permettent de faciliter l'acceptation des conditions générales standardisées par le cocontractant doivent être considérées comme des règles spécifiques aux conditions générales standardisées, partant qui doivent être cantonnées à celles qui ne sont jamais négociées ou modifiées par des parties. En conséquence, le recours au droit de la consommation sera toujours profitable au consommateur. En application de la loi sur les contrats de consommation, ceux-ci pourront éviter les difficultés posées par la qualification de « conditions générales standardisées » et invoquer les listes noires de clauses abusives[2].

---

[1] Takeo TSUTSUI et Hideki MURAMATSU (dir.), *Question et réponse sur la réforme de droit des obligations*, Syoujihoumu, 2018, p. 254 (en japonais).

[2] Art. 8, 8-2. 8-3, et 9 de la loi sur les contrats de consommation.

B. LA PROTECTION DE LA PARTIE FAIBLE DEVRA-T-ELLE ÊTRE RÉALISÉE PAR LE DROIT DE LA CONSOMMATION ?

16. Comme nous l'avons déjà vu, un grand nombre de propositions qui auraient été efficaces pour protéger la partie faible n'ont pas été adoptées dans la réforme du Code civil. De ce fait, « l'attente » envers le droit de la consommation dans sa capacité d'« arsenal » de protection de la partie faible, s'est fortement manifestée lors la discussion sur la réforme de la loi sur le contrat de consommation. Ce qui a notamment provoqué un vif débat était la protection des consommateurs « plus faibles/vulnérables », comme les personnes âgées et les personnes jeunes. En effet, le nombre de pratiques abusives dans le cadre de la consommation touchant des personnes âgées est en augmentation constante au Japon. Une personne âgée qui n'a pas la capacité de contracter elle-même peut profiter de la curatelle et de la tutelle. En revanche, si elle n'est pas placée sous tutelle, elle ne peut pas se rétracter en s'appuyant sur les dispositions du Code civil concernant l'incapacité. Afin d'annuler les contrats conclus par les personnes âgées, on ne peut évoquer que les vices du consentement, prévus par le Code civil japonais et les dispositions prévues dans la loi spéciale pour la protection des consommateurs. De plus, il convient d'envisager de nouvelles mesures adaptées également à l'abaissement de l'âge des mineurs. Selon le Code civil japonais, un mineur est un individu qui n'a pas atteint l'âge de vingt ans[1]. Les actes effectués par un mineur sont donc, sauf ceux autorisés par le Code civil et la loi, annulables. Ainsi, des jeunes de 20 ans ou plus font déjà l'objet de pratiques des professionnels abusant de leur ignorance et de leur inexpérience. Or, un projet de loi qui abaisserait l'âge de la majorité à dix-huit ans a été adopté en 2018 (il entrera en vigueur à compter de 2022). À l'avenir, le nombre de difficultés relatives aux contrats entre les professionnels et les jeunes (notamment ceux âgés de dix-huit et dix-neuf ans) va probablement augmenter.

---

[1] Art. 4 du Code civil (*Minpô*).

17. Afin de faire face à ces pratiques, nous avons tenté de proposer la mise en place de dispositions tenant compte des « consommateurs vulnérables » dans la loi sur les contrats de consommation. Cette loi a été adoptée en 2000, introduisant la définition de consommateur et de professionnel[1], ainsi que les régimes spéciaux sur les vices de consentement et le contenu du contrat : elle mettait en place l'obligation d'informer les consommateurs mais sans introduire de sanctions pour le non-respect de cette obligation[2] : elle introduisait les mentions trompeuses et les actes de nature à troubler ou intimider le consommateur[3]. De plus, des dispositions spéciales concernant des listes de clauses abusives[4] et une disposition sur les clauses générales[5] avaient également été adoptées. Cependant, les conditions d'application de cette loi étaient très limitées, de sorte qu'elle manquait d'efficacité. En outre, cette loi était inadaptée à la protection spécifique des personnes âgées, ainsi qu'au développement des affaires économiques (par exemple, la montée en puissance des affaires sur internet). Ainsi, à partir de 2014 et jusqu'en 2017, les discussions portant sur la réforme de cette loi ont eu lieu au sein de la Commission des Consommateurs (CC)[6].

18. Concrètement, l'objectif était de matérialiser l'abus de faiblesse en le définissant comme l'exploitation de l'incapacité d'une partie à porter un jugement raisonnable, à raison de son âge, de son ignorance et de son inexpérience, ce qui s'appuie sur la théorie jurisprudentielle du consentement extorqué par une partie qui obtient un avantage

[1] Art. 2 de la loi sur les contrats de consommation.
[2] Art. 3 de la loi sur les contrats de consommation.
[3] Art. 4 de la loi sur les contrats de consommation.
[4] Art. 8 8-2, 8-3, et 9 de la loi sur les contrats de consommation.
[5] Art. 10 de la loi sur les contrats de consommation.
[6] La Commission des Consommateurs (CC) a pour fonction d'administrer les problèmes des consommateurs dont l'AAC (l'Agence des Affaires des Consommateurs) s'occupe en délibération. Elle est également chargée de faire des propositions au Premier Ministre et aux autres ministres, suite à ses consultations. Concrètement, cette réforme a été réalisée au sein d'une commission spéciale de la CC, composée de quelques personnalités qualifiées.

manifestement excessif[1]. Il s'agit, en premier lieu, de « l'exploitation du fait qu'un cocontractant soit incapable d'un jugement raisonnable », en tenant compte de l'âge, de l'ignorance, de l'inexpérience, de l'oppression que le consommateur a ressentie, et, de l'état de dépendance dans lequel il se trouve, en d'autres termes, de son état de faiblesse. En second lieu, le contractant doit tirer un avantage manifestement excessif, ou au moins, un engagement que le consommateur n'aurait pas souscrit en l'absence d'une telle exploitation.

19. Cependant, à cause de critiques faites notamment par des professionnels, en raison de la difficulté de l'appréciation de la faiblesse du consommateur et de son insécurité juridique, la protection des consommateurs vulnérables s'est matérialisée dans la réforme en 2016 par des dispositions visant les actes les plus typiques des professionnels. Selon le nouvel article 4, alinéa 4, le consommateur ayant acheté des biens ou ayant conclu un contrat de services en quantité excessive ou de trop longue durée dont il n'avait nul besoin, peut annuler son contrat, lorsque le professionnel avait conscience que le consommateur concluait ce contrat sans nécessité. Nous avons néanmoins continué de discuter pour la mise en place d'une disposition générale portant sur « l'exploitation du fait qu'un cocontractant soit incapable d'un jugement raisonnable ».

20. Toutefois, ce projet de texte ayant une portée générale n'a jamais abouti à cause de la crainte, notamment des professionnels, relative à l'ambiguïté des critères invoqués. Les professionnels ont ainsi plaidé pour l'adoption de critères concrets et précis. Finalement, deux moyens pour tenir compte de la faiblesse des consommateurs ont été adoptés dans le projet présenté en 2018. Premièrement, il s'agit de « l'élargissement de la notion de violence ». Nous avions observé

[1] Art. 90 du Code civil (*Minpô*).

qu'outre ces deux comportements énumérés dans l'article 4, alinéa 3[1], il existe des pratiques agressives ou déloyales des professionnels qui poussent le consommateur à souscrire un contrat. Le législateur a donc ajouté, dans cette même disposition, quatre autres pratiques : le comportement du professionnel qui exploite la préoccupation du consommateur relative à la réalisation de certains désirs de la vie quotidienne, tel l'accès à l'enseignement supérieur, l'obtention d'un emploi, le mariage, les moyens de gagner sa vie (i)), ou l'esthétique corporelle (ii)). [2] ; le comportement du professionnel qui crée une relation humaine avec un consommateur (par exemple, une relation amoureuse) en vue de lui faire souscrire un contrat en usant de cette relation[3] ; l'exploitation de l'incapacité d'un consommateur à porter un jugement raisonnable à raison de son âge, d'une maladie mentale ou physique, si un professionnel trompe ce consommateur sur la nécessité de ce contrat en sachant que le consommateur a une grande inquiétude sur le maintien de sa vie ou de sa santé[4] ; le comportement du professionnel qui fait éprouver de la crainte au consommateur et lui fait souscrire un contrat, sur la base de connaissances anti-scientifiques (par exemple, l'inspiration et le pouvoir surnaturel)[5]. Cependant, il y a d'autres cas dans lesquels le professionnel peut exploiter l'incapacité d'un consommateur à porter un jugement raisonnable à raison de son âge, de son ignorance et de son inexpérience. Donc, nous devons encore examiner la législation sur l'abus de faiblesse.

---

[1] Il existe déjà une disposition spéciale du Code civil qui permet d'annuler un contrat si un professionnel fait preuve d'un des deux comportements suivants, comportement qui pousse le consommateur à souscrire un contrat (art. 4, al. 3) : donner au consommateur l'impression qu'il ne pourra quitter les lieux avant qu'un contrat n'ait été conclu ou encore, effectuer des visites au domicile du consommateur, en ignorant sa demande de voir le professionnel quitter les lieux.

[2] Art. 4, al. 3, n° 3 de la loi sur les contrats de consommation.

[3] Art. 4, al. 3, n° 4 de la loi sur les contrats de consommation.

[4] Art. 4, al. 3, n° 5 de la loi sur les contrats de consommation.

[5] Art. 4, al. 3, n° 6 de la loi sur les contrats de consommation.

21. Deuxièmement, ayant ajouté l'expression « en prenant en considération la connaissance et l'expérience » à l'article 3 concernant l'obligation de s'efforcer de renseigner les consommateurs, le texte incite les professionnels à informer le consommateur en tenant compte de sa connaissance et son expérience. Certes, le professionnel n'est pas directement sanctionné en cas de non-respect de cet article, mais, sur la base de celui-ci, le consommateur peut demander des dommages et intérêts pour non-respect de cet article car le professionnel déroge à la bonne foi et au Code civil[1].

Conclusion

22. Par la réforme du Code civil au Japon, le droit civil et le droit de la consommation se sont, au niveau législatif, totalement séparé. Dès lors, en apparence, le développement du droit de la consommation ne se reflètera plus dans le Code civil. Cependant, la généralisation de la théorie du droit de la consommation dans le Code civil sera-t-elle parfaitement bloquée ? Pour répondre cette question, plus fondamentalement, il faut se demander ce que la « partie faible » signifie. Comme le Professeur Sandrine Chassagnard-Pinet l'a indiqué, la « faiblesse » de la partie est soit celle « inhérente à la personne », soit la « faiblesse relative »[2]. S'agissant de la « faiblesse inhérente à la personne », nous avons déjà des dispositions sur la tutelle dans le Code civil japonais. De plus, en adoptant la jurisprudence, la disposition concernant la capacité de consentement a été introduite dans le Code civil, ce qui sera efficace pour la protection de la personne âgée dans des contrats. En outre, la personne âgée ou jeune a été considérée comme la partie faible dans la discussion de la réforme du droit de la consommation. Mais, ce qui doit être mis en considération, ce n'est pas seulement son âge. C'est plutôt, d'une part, la baisse de la capacité de jugement raisonnable sur la personne âgée, et d'autre part, le

---

[1] Art. 1, al. 2 du Code civil (*Minpô*).

[2] V. *supra*, « La protection de la partie faible dans le nouveau droit des contrats français », p. 55.

manquement de connaissance et d'expérience dans les affaires de la personne jeune. Dès lors, sera-t-il logique de mettre en place le droit d'annuler pour la personne âgée seulement en raison de son âge, comme c'est le cas pour les mineurs dans le Code civil ? Dans certains cas, ce droit fera obstacle à la liberté de conclusion de contrat de la personne âgée. Ainsi, ce serait plutôt la mise en place d'une disposition générale sur « l'exploitation du fait qu'un cocontractant soit incapable d'un jugement raisonnable » dans le droit commun ou le droit de la consommation, qui serait efficace et raisonnable pour la protection de la partie faible, cette faiblesse étant relative et résultant d'un rapport de force déséquilibré entre les contractants.

23. En revanche, plusieurs types de personnes sont considérées comme étant la partie faible du fait de leur position ou leur qualité : le locataire, l'employé, la caution, par exemple. En effet, dans la discussion de la réforme du Code civil, ce dont il a été tenu compte le plus souvent, c'était le « consommateur ». Cependant, ni la définition du consommateur ni les dispositions spéciales du droit de la consommation n'ont été intégrées dans le Code civil, tandis que des dispositions qui protègent des partie faibles de manière plus efficace qu'auparavant ont été introduites dans le nouveau Code civil japonais : d'une part, celles sur la protection de la caution qui est obligée à l'exécution de l'obligation pour une affaire[1] et, d'autre part, celles sur la limitation de la responsabilité du locataire de rendre la chose telle qu'il l'a reçue dans le contrat de bail[2]. Quelle est la différence entre « le locataire », « la caution » et « le consommateur et le professionnel » ? Il me semble que, comme quelques auteurs l'ont déjà indiqué, toutes les personnes dans le Code civil sont soit consommateurs, soit professionnels, de telle sorte que nous devrons prendre en considération la « faiblesse relative » dans le contrat entre consommateurs et professionnels, dans le contrat entre consommateurs, et dans le contrat entre professionnels, en gardant une conception générale de la notion de « personne ». En veillant à la

[1] Art. 465-6 et s. du Code civil (*Minpô*).
[2] Art. 621 du Code civil (*Minpô*).

faiblesse relative de la partie contractuelle, en nous appuyant sur l'innovation doctrinale et jurisprudentielle propice à protéger la partie faible[1], nous pourrons nous inspirer du droit de la consommation, ce qui dirigera le développement du Code civil en faveur de la protection de la partie faible.

[1] V. *supra*, n° 5 et s.

Le développement de l'unilatéralisme en droit français des contrats

M. LATINA
Professeur de droit privé à l'Université Côte d'Azur
CERDP

1. Dans la conception du Code civil de 1804, le contrat était nécessairement le produit d'un débat équilibré entre deux contractants de force égale. Qu'un contractant puisse prendre l'ascendant sur l'autre, tant lors de la phase de conception du contrat que lors de son exécution, n'avait pas été envisagé. D'ailleurs, le droit commun des contrats passait totalement sous silence le processus de formation du contrat. En effet, le législateur ne s'était préoccupé ni de la phase de négociation du contrat, ni de celle de la rencontre des consentements, sauf pour permettre la vérification, *a posteriori*, de l'absence de vice ayant affecté ces derniers. « Qui dit contractuel, dit juste » résumait parfaitement la conception libérale du contrat qui avait imprégné les esprits au début du XIXe siècle. Si une personne avait librement accepté de s'engager dans les liens d'un contrat, c'est nécessairement que celui-ci satisfaisait ses besoins. À cet égard, il importait peu que le contrat ne soit pas objectivement équilibré. Seul comptait que, dans l'esprit des contractants, l'avantage fourni soit équivalent au sacrifice consenti. Dans la conception classique, le contrat était donc d'essence bilatérale, chaque partie ayant contribué, à part égale, à la définition de ses termes.

2. Mieux, une fois le contrat conclu, la volonté des parties ne devait plus se manifester. Cette volonté, qui est le moyen par lequel s'exprime la liberté individuelle, s'était figée dans le consentement qui a été exprimé au moment de la formation du contrat[1]. La liberté contractuelle, en tant que composante de la liberté individuelle, devait alors céder sa place à la force obligatoire du contrat. Autrement dit, aucune volonté

[1] M.-A. FRISON-ROCHE, « Remarques sur la distinction de la volonté et du consentement en droit des contrats », *RTD civ.* 1995, p. 573.

individuelle ne devait pouvoir, seule, influer sur le contenu ou la destinée du contrat. Le contrat était ainsi, dans la conception libérale classique, un temple de la bilatéralité : conçu à deux, il devait être exécuté fidèlement par chaque partie, sans qu'il soit envisageable que la volonté unilatérale puisse modifier la teneur du contrat.

3. Dans le même ordre d'idées, la volonté individuelle, exprimée unilatéralement, ne pouvait pas non plus permettre de se dégager du contrat, sauf dans l'hypothèse particulière des contrats à durée indéterminée. En particulier, c'est le juge, et lui seul, qui avait, en principe, le pouvoir de contrôler le respect du contrat par les parties et, le cas échéant, de sanctionner la partie fautive. Cette conception s'est progressivement infléchie à mesure que la fiction de l'égalité des contractants s'est érodée. Il est rapidement apparu que le modèle classique du contrat, sur lequel le Code civil de 1804 était bâti, ne résistait pas à l'épreuve des faits. Quotidiennement des contractants puissants contractaient avec des contractants en situation de faiblesse, l'égalité en droit, proclamée par la Déclaration des droits de l'Homme et du Citoyen, ne se traduisant pas nécessairement par une égalité de fait. Le premier réflexe de la doctrine, face à des actes dont la teneur était entièrement dictée par une partie a été de leur refuser la qualification de contrat.

4. Saleilles qui, le premier, a mis en lumière, en droit français, l'existence des « contrats d'adhésion » estimait que ces derniers n'étaient pas des contrats[1]. Unilatéraux dans leur conception et réservant parfois des pouvoirs au contractant en situation de force au stade de l'exécution, ces actes s'éloignaient trop de la conception bilatérale du contrat pour être accueillis en son sein. La proposition de Saleilles n'a, toutefois, pas prospéré. Face à la progression, dans les faits, de l'unilatéralisme, tant au stade de la conception du contrat, que

[1] *De la déclaration de volonté. Contribution à l'étude de l'acte juridique dans le code civil allemand*, 1901, F. Pichon, art. 133, n° 89. V. aussi HAURIOU, S. 1908. 3. 17 ; DUGUIT, *Les transformations générales du droit privé depuis le Code Napoléon*, Paris, 1912, F. Alcan, p. 116 s., spéc. p. 124

lors de son exécution, la perception du contrat s'est modifiée. La doctrine s'est en effet accordée sur un consensus minimaliste en vertu duquel le contrat est un accord de volontés destiné à créer des effets de droit, sans faire de la négociation ou de la définition bilatérale de ces effets un critère nécessaire à la qualification de contrat[1].

5. Il n'a donc plus été question de combattre la progression de l'unilatéralisme dans le contrat ou de refuser la qualification de contrat aux actes conçus unilatéralement ou réservant un pouvoir unilatéral à une partie, mais de contrôler cet unilatéralisme en accordant une protection à la partie subissant le pouvoir unilatéral de l'autre partie. La jurisprudence, puis le législateur, d'abord par l'intermédiaire des contrats spéciaux, ont cherché à tracer les limites du pouvoir unilatéral, c'est-à-dire à délimiter la frontière entre le pouvoir unilatéral acceptable et celui qui ne l'est pas. Chemin faisant, c'est la conception du rôle du juge en matière contractuelle qui s'en est trouvée modifiée. En effet, le pouvoir judiciaire s'est vu confier la charge de contrôler, *a posteriori*, l'usage que la partie en situation de force avait fait de son pouvoir. Par exemple, les juges ont aujourd'hui le pouvoir de vérifier qu'une clause, imposée à l'autre partie, n'entraîne pas un déséquilibre significatif[2] ou que le prix fixé unilatéralement n'est pas abusif[3].

6. Au stade de l'inexécution, l'idée s'est même imposée qu'il était finalement plus efficace de ne pas faire intervenir le juge *a priori*. Classiquement, c'est le juge qui devait être consulté en cas d'inexécution du contrat. Par exemple, la résolution était en principe judiciaire et si une partie souhaitait faire exécuter le contrat par une autre personne que son débiteur défaillant, elle devait demander l'autorisation préalable au juge. Pour désengorger les tribunaux et accélérer la prise de décision, la Cour de cassation avait cependant, parfois contre la lettre des textes, offert des pouvoirs unilatéraux au

[1] J. ROCHFELD, *Les grandes notions du droit privé*, 2011, PUF, p. 426.
[2] V. *infra*, n° 18.
[3] V. *infra*, n° 22.

créancier en cas d'inexécution[1]. Or, la réforme du droit des obligations, portée par l'ordonnance du 10 février 2016, a consacré la progression de l'unilatéralisme, aussi bien au stade de la conception du contrat, que de son exécution. Elle a donc modifié la perception légale du contrat, en reconnaissant notamment l'existence, à côté des contrats de gré à gré, des contrats d'adhésion[2].

7. Aujourd'hui, la loi française admet donc clairement qu'un acte, pour être qualifié de contrat, n'a pas à être élaboré de manière bilatérale et peut réserver à l'un des contractants des pouvoirs que l'autre ne possède pas, le juge étant censé contrôler, *a posteriori*, que cette méthode d'élaboration et que l'utilisation de ces pouvoirs n'entraînent pas des abus. Pour mesurer le développement de l'unilatéralisme en droit des contrats, tel qu'il a été reçu par la réforme du droit des obligations, il est donc nécessaire de distinguer le stade de la conception du contrat (I), de celui de l'inexécution (II).

I. Le développement de l'unilatéralisme au stade de la conception du contrat

8. L'ordonnance du 10 février 2016 est porteuse d'un changement fondamental qui a trait à la reconnaissance de l'existence des contrats d'adhésion[3], contrats qui ont été dotés d'un régime spécial[4]. Par cette reconnaissance, le législateur a admis que tous les contrats ne sont pas négociés et, partant, que les rapports de force déséquilibrés ont une incidence sur la formation même du contrat. Par ailleurs, la question de la détermination du prix est un marqueur de l'évolution de la prise en compte de l'unilatéralisme. Longtemps, l'idée même qu'une partie

---

[1] Pour la résolution unilatérale, v. *infra*, n° 38.
[2] V. *infra*, n° 11.
[3] Sur cette question, v. G. BERLIOZ, *Le contrat d'adhésion*, 1973, LGDJ ; TESTU, « Le juge et le contrat d'adhésion », *JCP* 1993. I. 3673. V. aussi Y. PICOD, « Contrat d'adhésion », *in Dictionnaire du contrat*, Lextenso, 2018, p. 289.
[4] V. G. CHANTEPIE, M. LATINA, *Le contrat d'adhésion, Perspectives franco-québécoises*, Dalloz, 2018 ; A. ETIENNEY-DE SAINTE MARIE (dir.), *Le contrat d'adhésion*, *RDC* 2019, p. 103 s.

puisse, une fois le contrat conclu, fixer seule le prix est apparu en contradiction fondamentale avec la notion de contrat. Le contrat sans prix n'était donc pas valable. Tel n'est plus nécessairement le cas aujourd'hui en raison d'une évolution jurisprudentielle, partiellement reçue par le législateur à l'occasion de la réforme du droit des obligations.

9. C'est dire que la question de l'unilatéralisme au stade de la conception du contrat se dédouble. L'unilatéralisme a pénétré la formation du contrat, par le biais des contrats d'adhésion (**A**), et a infléchi la conception de la validité du contrat, par l'intermédiaire de la détermination du prix (**B**)

A. UNILATÉRALISME ET FORMATION DU CONTRAT : LA QUESTION DU CONTRAT D'ADHÉSION

10. La notion de contrat d'adhésion a émergé, en droit français, à la fin du XIXe siècle, lorsque Saleilles l'a mise en valeur. Toutefois, jusqu'à l'ordonnance du 10 février 2016, elle était inconnue, à proprement parler, du droit positif. La réforme du droit des obligations a donc, d'une part, reconnu l'existence des contrats d'adhésion (1) et, d'autre part, doté ces derniers d'un régime spécial (2).

1) La reconnaissance légale du contrat d'adhésion

11. Le fait que des contractants aient la mainmise sur la conception d'un contrat et soient en mesure d'en imposer les termes à leur partenaire est une réalité pratique depuis le XIXe siècle. Dans ces contrats, une partie, que l'on nomme le maître du contrat, à la faculté de concevoir unilatéralement celui-ci et d'en imposer les termes à l'autre partie, qui, parce qu'elle n'a pour seul choix que de contracter aux conditions imposées ou de ne pas contracter, est nommé l'adhérent. Si les contrats d'adhésion existaient avant la réforme du droit des contrats, ils n'étaient pourtant pas reconnus en tant que tels en droit positif. La jurisprudence

s'était toujours refusée à consacrer cette catégorie de contrat et, *a fortiori*, à la soumettre à un régime spécial, protecteur de l'adhérent[1].

12. Quant au législateur, il s'était également longtemps refusé à créer cette nouvelle catégorie légale, dont la doctrine peinait, il est vrai, à donner une définition simple. La problématique des rapports de force déséquilibré était donc traitée, non par le droit commun des contrats, par le biais d'une définition abstraite du contrat d'adhésion, mais dans les droits spéciaux, à l'aide de mécanismes correcteurs des déséquilibres. Certains contrats, structurellement déséquilibrés, comme les contrats d'assurance et de travail, ont donc, d'abord, été dotés d'un régime spécial destiné à protéger la partie faible. Aujourd'hui, les contrats d'assurance et de travail relèvent d'ailleurs de branches du droit, sinon autonomes, au moins largement dérogatoires du droit commun des contrats.

13. Ensuite, le législateur a adopté une approche plus globale en développant une réglementation spéciale applicable aux rapports entre professionnels et consommateurs, d'une part, et entre professionnels entre eux, d'autre part. Les premiers relèvent aujourd'hui du droit de la consommation[2], tandis que les seconds sont envisagés dans le Code de commerce au titre des « pratiques restrictives de concurrence »[3]. À la veille de la réforme, la thématique des rapports de force déséquilibrés était donc connue du droit positif français mais envisagée, non pas par le droit commun, mais par des droits spéciaux qui s'efforçaient de limiter les effets néfastes de la conception unilatérale du contrat par la partie en situation de force. Il n'en reste pas moins que le modèle idéal du contrat était toujours celui du Code civil, les règles du droit commun étant pensées pour un contrat conçu bilatéralement, et ne faisant pas de place, une fois formé, au pouvoir unilatéral de l'une des parties.

---

[1] Civ. 1re, 19 janv. 1982, *Bull. civ.* I, n° 29 : « aucune disposition légale ne prohibe d'une façon générale l'insertion de clauses limitatives ou exonératoires de responsabilité dans les contrats d'adhésion ».
[2] C. consom., art. L . 212-1.
[3] C. com., art. L. 442-1.

14. Tel n'est plus le cas aujourd'hui, le contrat d'adhésion faisant l'objet d'une définition abstraite au sein de l'article 1110, al. 2 du Code civil, après celle du contrat de gré à gré. Cette consécration est, d'un point de vue symbolique, déterminante. Elle entérine l'idée qu'à côté du modèle, sans doute toujours considéré comme idéal, du contrat de gré à gré, existent d'autres contrats dont la conception n'est pas le fruit d'un dialogue, mais de la position de force d'une des parties au contrat. Cette irruption du contrat d'adhésion modifie ainsi la conception légale du contrat et la rapproche de celle que la doctrine majoritaire avait adoptée depuis longtemps, indifférente au caractère bilatéral ou unilatéral de sa conception.

15. Pourtant, la consécration légale du contrat d'adhésion n'est pas le fruit d'une réflexion longuement mûrie du législateur. Aucun des avant-projets de réforme rédigés par le Ministère de la Justice n'avait, en effet, envisagé une telle rupture dans le modèle contractuel. Ce n'est que dans l'ordonnance du 10 février 2016 que la définition du contrat d'adhésion a été insérée[1]. Cette insertion de dernière minute s'explique par la volonté du législateur de cantonner la lutte contre les clauses abusives à une catégorie de contrats. En effet, dans le projet d'ordonnance de 2015, il était prévu que les clauses abusives puissent être supprimées de tous les contrats, quels qu'ils soient. Or, cette perspective avait été lourdement critiquée par la doctrine majoritaire qui voyait, dans la

---

[1] Cette définition a donné lieu à un affrontement doctrinal : G. CHANTEPIE, M. LATINA, *Le nouveau droit des obligations*, 2e éd., Dalloz, 2018, n° 145 s. ; F. CHÉNEDÉ, *Le nouveau droit des obligations et des contrats : Consolidations, innovations, perspectives*, 2e éd., Dalloz, 2018, n° 123.361 s. ; O. DESHAYES, T. GENICON, Y.-M. LAITHIER, *Réforme du droit des contrats, du régime général et de la preuve des obligations*, 2e éd., Lexisnexis, 2018, n° 78 s. ; Th. DOUVILLE (dir.), *La réforme du droit des contrats, du régime général et de la preuve des obligations*, 2e éd., Gualino, 2018, P. 48 s. ; F. TERRÉ, Ph. SIMLER, Y. LEQUETTE, F. CHÉNEDÉ, *Droit civil. Les obligations*, 12e éd., Dalloz, 2018, n° 466 s. V. encore Th. REVET, « Les critères du contrat d'adhésion », *D.* 2016. 1771 ; F. CHÉNEDÉ, « Le contrat d'adhésion de l'article 1110 du Code civil », *JCP* 2016. 776.

possibilité pour le juge de contrôler le contenu de tous les contrats, une atteinte à la force obligatoire[1].

16. La majorité des auteurs estimait qu'il n'était pas acceptable de permettre le contrôle judiciaire des clauses qui avaient fait l'objet d'une négociation ou qui auraient pu faire l'objet d'une négociation[2]. D'où l'idée de limiter le champ de l'interdiction des clauses abusives aux seuls contrats non négociés. Mais plutôt que de cantonner la suppression des clauses abusives aux seules clauses non négociées, le législateur a cru pouvoir donner une définition abstraite du contrat d'adhésion, là où la doctrine française avait échoué depuis plus d'un siècle. Mal lui en a pris car les définitions initiales des contrats d'adhésion et de gré à gré étaient défaillantes. Le Parlement, à l'occasion de la loi de ratification du 20 avril 2018, a modifié ces définitions afin de tenter de les améliorer[3]. Dans sa dernière version, l'article 1110, al. 2 énonce ainsi qu'un contrat d'adhésion est un contrat « qui comporte un ensemble de clauses non négociables, déterminées à l'avance par l'une des parties ». Cette nouvelle définition est, à bien des égards, peu satisfaisante. En particulier, la question se pose déjà de savoir combien de clauses forment un « ensemble »[4]...

---

[1] V. par ex. F. BICHERON, « N'abusons pas de la clause abusive », *Gaz. Pal.* 30 avr. 2015, p. 24 ; P. STOFFEL-MUNCK, « Les clauses abusives : on attendait Grouchy... », *Dr. et patr.* 2014, n° 240, p. 56.

[2] Contra. G. CHANTEPIE, « Obligation essentielle et clauses abusives », *in* M. LATINA et G. CHANTEPIE (dir.), *Projet de réforme du droit des contrats, du régime général et de la preuve des obligations. Analyses et propositions*, Paris, Dalloz, 2015, p. 47 ; N. DISSAUX, « Clauses abusives : pour une extension du domaine de la lutte », *Dr. et patr.* 2014, n° 240, p. 53

[3] L. ANDREU, « Le nouveau contrat d'adhésion », *AJ contrat* 2018. 262 ; G. CHANTEPIE et M. LATINA, « Ratification de la réforme du droit des obligations : analyse de la deuxième lecture du Sénat », *D.* 2018. 309 ; « La définition du contrat d'adhésion en droit français : une valse à quatre temps ? », *in le contrat d'adhésion. Perspectives franco-québécoises*, Dalloz, 2018, p. 1 ; M. MEKKI, « La loi de ratification de l'ordonnance du 10 février 2016 - Une réforme de la réforme ? », *D.* 2018. 900 ; L. ANDREU, « Contrat d'adhésion et clauses déséquilibrantes », SNH, 26 avr. 2018 n° 15, p. 18 ; T. REVET, « L'incohérent cantonnement, par l'Assemblée nationale, du domaine du contrat d'adhésion aux contrats de masse », *D.* 2018. 124.

[4] Sur cette question, V. M. LATINA, « Le régime des clauses non négociables, hors le contrat d'adhésion », *RDC* 2019, n° 116a5, p. 160.

17. En définitive, si, d'un point de vue symbolique, la réforme du droit des obligations, en introduisant dans les textes la notion de contrat d'adhésion, a rompu avec le modèle classique libéral du contrat en reconnaissant l'existence de contrats conçus unilatéralement par une partie, elle a échoué à donner une définition opérationnelle qui soit à même de conférer à cette catégorie une réelle effectivité. Il n'est donc pas certain que le régime légal du contrat d'adhésion trouve à s'appliquer fréquemment.

2) Le régime légal du contrat d'adhésion

18. Le régime du contrat d'adhésion se limite à deux règles. *D'abord*, dans un contrat d'adhésion, le juge est doté, par l'article 1171 du Code civil, de la faculté de supprimer les clauses, non négociables, qui entrainent un déséquilibre significatif entre les droits et les obligations des parties, clauses que l'on qualifie traditionnellement d'abusives. L'idée est d'empêcher que le maître du contrat ait profité de sa position de force pour rédiger unilatéralement le contrat à son avantage exclusif. La définition donnée de la clause abusive n'est pas nouvelle. Elle est identique à celle qui figure dans le Code de la consommation[1], qui date de 1995, et dans Code de commerce, introduite en 2008[2]. La question se pose donc déjà de savoir si l'article 1171 du Code civil pourra être invoqué par un contractant relevant de l'article L. 212-1 du Code de la consommation ou L. 442-1, I, 2° du Code de commerce, ou non[3].

19. Par ailleurs, toutes les clauses, quand bien même figureraient-elles dans un contrat d'adhésion, ne pourront pas être contrôlées. D'une part, il faudra que l'adhérent démontre que la clause n'était pas négociable, c'est-à-dire qu'elle appartenait à l'ensemble de clauses qui lui a été imposée et qui a permis la qualification de contrat d'adhésion. D'autre part, parce que la clause de prix est immunisée contre le contrôle du

---

[1] C. consom., art. L. 212-1.
[2] C. com., art. L. 442-1.
[3] Sur cette question, V. G. Chantepie, M. Latina, *Le nouveau droit des obligations*, 2e éd., Dalloz, 2018, n° 444.

juge. Ainsi, le déséquilibre contre lequel l'article 1171 est censé lutter est un déséquilibre de pouvoir et non un déséquilibre économique. Un contrat, même s'il est d'adhésion, n'a pas à être équilibré d'un point de vue économique, le principe général de l'article 1168 du Code civil, qui énonce que « le défaut d'équivalence des prestations n'est pas une cause de nullité du contrat » lui étant pleinement applicable.

20. *Ensuite*, l'article 1190 du Code civil énonce que, dans le doute, le contrat d'adhésion s'interprète contre celui qui l'a proposé et, par conséquent, en faveur de l'adhérent. Cette règle, connue du droit de la consommation, est de bonne logique. Elle vise à sanctionner le maître du contrat qui, ayant conçu seul le contrat, a, soit fait preuve d'incompétence en laissant subsister un doute, soit fait preuve de malhonnêteté en rédigeant le contrat de manière ambiguë dans l'espoir de profiter de cette ambiguïté.

21. Ces deux règles, suppression des clauses abusives et interprétation du contrat en faveur de l'adhérent, ont donc vocation à tirer les conséquences de la conception unilatérale du contrat en soumettant le contenu de ce dernier à un contrôle et à une interprétation favorable à l'adhérent. Si l'unilatéralisme a bénéficié d'une reconnaissance légale au stade de la conception du contrat, il a également infléchi les règles du droit commun relative à la validité du contrat.

B. UNILATÉRALISME ET VALIDITÉ DU CONTRAT : LA QUESTION DE LA DÉTERMINATION DU PRIX

22. Passe encore qu'une partie n'ait pas la possibilité de participer à la rédaction du contenu du contrat. Encore faut-il qu'elle connaisse, au moment où elle s'engage, l'avantage qu'elle va retirer du contrat et le sacrifice qu'elle va consentir. Autrement dit, le contenu du contrat doit être suffisamment déterminé au moment de l'échange des consentements afin de permettre une conclusion éclairée. L'article 1163 du Code civil, issu de la réforme du droit des obligations, précise ainsi,

au titre des conditions de validité du contrat, que les prestations doivent être déterminées ou au moins déterminables. Le texte ajoute qu'une prestation est déterminable « lorsqu'elle peut être déduite du contrat ou par référence aux usages ou aux relations antérieures des parties, sans qu'un nouvel accord des parties soit nécessaire ». De ce texte, il s'infère qu'il n'est pas possible de laisser à une partie le pouvoir de déterminer unilatéralement la ou les prestations qui devront être accomplies en exécution du contrat. En définitive, il ne peut y avoir de contrat valable sans accord des parties sur ce qu'elles s'engagent à recevoir ou à fournir.

23. Pourtant, par exception, les articles 1164 et 1165 du Code civil dotent cette prestation particulière qu'est le prix d'un régime dérogatoire[1]. Dans les contrats-cadre, définis comme ceux dans lesquels les parties conviennent des caractéristiques générales de leurs relations contractuelles futures[2], il est possible de préciser, dans une clause du contrat, que le prix sera déterminé unilatéralement et ultérieurement par une partie, tandis que, dans les contrats de prestation de service, il est précisé que le prix peut toujours être fixé unilatéralement par le créancier. Ces articles reprennent, en les modifiant, des principes que la jurisprudence avait établis avant la réforme du droit des obligations.

24. En effet, parce qu'il n'est parfois pas possible de fixer le prix d'un produit pour toute la durée d'un contrat destiné à être exécuté dans la durée ou d'évaluer le coût d'une prestation avant qu'elle ne soit exécutée, la Cour de cassation avait fini par admettre que le prix d'une prestation, hors le cas particulier de la vente, puisse être fixé par une seule partie, après l'échange des consentements[3]. La question de la détermination du prix illustre parfaitement la percée de l'unilatéralisme et le recul de la conception bilatérale du contrat. Dans la conception

---

[1] V. N. BLANC, « Prix », *in Dictionnaire du contrat*, Lextenso, 2018, p. 881 s.
[2] C. civ., art. 1111.
[3] Ass. plén., 1er déc. 1995, *D.* 1996, 13, concl. M. JÉOL ; note L. AYNÈS ; *JCP* 1996, II, 22565, note J. GHESTIN.

classique, qui a prédominé jusqu'en 1995 pour les contrats-cadre, il n'était pas envisageable qu'un élément aussi fondamental que le prix ne soit pas déterminé ou ne soit pas au moins déterminable au moment de l'échange des consentements. Dans la conception nouvelle du contrat, ce qui importe c'est que le maître du prix ne fasse pas un usage déraisonnable de son pouvoir au détriment de son cocontractant. Aussi, la fixation unilatérale du prix est autorisée en principe, mais contrôlée, le juge devant vérifier en cas de contestation que le prix n'a pas été fixé à un niveau abusif, le maître du prix devant alors justifier son montant. Si d'aventure le prix était jugé abusif, le juge a alors la faculté, soit d'indemniser la victime de son préjudice, soit de résoudre le contrat afin de la libérer de son obligation.

25. Au-delà de la fixation unilatérale du prix, il est aujourd'hui admis qu'une partie peut disposer d'un pouvoir unilatéral après l'échange des consentements, comme celui de modifier le contrat ou de le résilier. Ces pouvoirs unilatéraux, que l'on nomme « droits potestatifs »[1] sont, en principe, valables, dès lors au moins qu'ils ne créent pas de déséquilibre entre les droits et les obligations des parties.

26. En définitive, la réforme du droit des contrats a fait évoluer le modèle contractuel du Code civil afin de le faire correspondre à celui qui, progressivement, s'était développé en droit positif. L'unilatéralisme, au stade de la conception du contrat, n'est plus considéré comme incompatible avec la qualification du contrat ou sa validité. Il est admis mais contrôlé afin que la partie subissant cet unilatéralisme n'ait pas à en souffrir exagérément.

---

[1] I. NAJJAR, *Le droit d'option, contribution à l'étude du droit potestatif et de l'acte unilatéral*, 1967, coll. Bibl. de droit privé, LGDJ ; S. VALORY, *La potestativité dans les relations contractuelles*, 1999, PU Aix-Marseille ; J. ROCHFELD, « Les droits potestatifs accordés par le contrat », *in Le contrat au début du XXIe siècle : études offertes à Jacques GHESTIN*, 2001, LGDJ, p. 747 s. ; C. POMART-NOMDEDEO, « Le régime juridique des droits potestatifs en matière contractuelle », *RTD civ*. 2010. 209.

Cette progression notable de l'unilatéralisme au stade de la conception du contrat se retrouve également au stade de l'inexécution.

II. Le développement de l'unilatéralisme lors de l'inexécution du contrat

27. Au stade de l'inexécution, l'unilatéralisme s'est essentiellement développé pour des raisons d'efficacité. Le modèle du Code civil de 1804, qui faisait du juge la pierre angulaire de la sanction de l'inexécution, est apparu dépassé à mesure que les tribunaux se sont engorgés. La pratique avait réagi en généralisant la clause résolutoire et la Cour de cassation elle-même avait, parfois contre la lettre des textes, autorisé le créancier d'une obligation inexécutée à résoudre unilatéralement le contrat[1]. Depuis la réforme, l'unilatéralisme au stade de l'inexécution s'est encore développé. Le créancier a été doté de la possibilité de sanctionner unilatéralement l'inexécution, soit afin de maintenir le contrat (A), soit afin de l'anéantir (B).

A. L'UNILATÉRALISME AU SERVICE DU MAINTIEN DU CONTRAT

28. Confronté à l'inexécution, le créancier dispose de plusieurs facultés qu'il peut mettre en œuvre unilatéralement. Il peut, d'abord, recourir à l'exception d'inexécution, dont le périmètre a été étendu par la réforme (1). Il peut, ensuite, faire exécuter le contrat par une autre personne que le débiteur défaillant (2). Il peut, enfin, réduire le prix qu'il doit payer à mesure de l'inexécution de la contrepartie (3).

---

[1] V. *infra*, n° 38 s.

1. L'extension de l'exception d'inexécution

29. L'exception d'inexécution permet à un contractant de cesser d'exécuter s'il ne reçoit pas la prestation promise en retour[1]. Cette sanction était déjà connue avant la réforme du droit des obligations bien qu'elle ait été absente des textes du droit commun. Elle figure aujourd'hui dans les articles 1219 et 1220 du Code civil. La mise en œuvre de cette sanction est simple : elle peut être effectuée sans autorisation judiciaire et sans qu'il soit nécessaire de mettre le cocontractant en demeure.

30. D'essence unilatérale, puisqu'elle repose sur la constatation, effectuée par le créancier, que la prestation n'a pas été reçue ou n'est pas conforme à celle qui était promise, l'exception d'inexécution a pour but de faire pression sur le débiteur défaillant afin qu'il exécute ou corrige son exécution. Plusieurs issus sont alors possibles. Dans l'idéal, le débiteur défaillant va corriger son exécution ; l'exception d'inexécution aura alors remplie son office. Si ce n'est pas le cas, le créancier pourra mettre en œuvre une autre sanction, unilatérale ou judiciaire, ou le débiteur pourra contester en justice la décision du créancier de mettre en œuvre l'exception d'inexécution en démontrant qu'il ne s'est pas rendu coupable d'une inexécution.

31. L'apport de la réforme du droit des obligations réside, non pas dans la consécration textuelle de l'exception d'inexécution, mais dans l'extension de son périmètre. Avant la réforme, le créancier ne pouvait mettre en œuvre l'exception d'inexécution que s'il était confronté à une inexécution avérée. Depuis la réforme, il peut refuser d'exécuter s'il est confronté à un risque manifeste d'inexécution à l'échéance[2]. Autrement dit, si le créancier à la quasi-certitude que le débiteur n'exécutera pas à la date prévue dans le contrat, il n'aura pas à attendre l'échéance pour

---

[1] O. DESHAYES, « Exception d'inexécution », *in Dictionnaire du contrat*, Lextenso, 2018, p. 570.

[2] J.-D. BRETZNER, « Les conditions de l'exception d'inexécution par anticipation », *in Libres propos sur la réforme du droit des contrats*, LexisNexis, 2016, p. 109.

cesser d'exécuter, au moins si l'inexécution qu'il redoute est susceptible de lui causer un préjudice grave.

32. Cette exception pour risque manifeste d'inexécution, qui repose sur la décision du créancier, fera l'objet d'un contrôle judiciaire si elle est contestée par le débiteur. On retrouve ainsi le schéma classique de l'unilatéralisme : la mise en œuvre du pouvoir par son titulaire étant susceptible d'un contrôle judiciaire *a posteriori*.

2) Le développement de la faculté de remplacement

33. Dès avant la réforme du droit des obligations, le créancier d'une obligation contractuelle inexécutée pouvait obtenir l'exécution de celle-ci d'une autre personne que son débiteur. Cette faculté de remplacement permettait d'obtenir, en quelque sorte, l'exécution forcée du contrat par une autre personne que le débiteur, l'éventuel surcoût de l'exécution étant alors imputé à ce dernier. Toutefois, exceptée entre commerçants, cette faculté était soumise à l'autorisation préalable du juge. Il fallait donc que le créancier agisse en justice, ce qui rendait ce remède à l'inexécution inutile. Quitte à agir en justice, le créancier avait tout intérêt à demander la résolution du contrat pour inexécution afin de s'engager envers une autre personne.

34. L'ordonnance du 10 février 2016 a donc supprimé la condition de l'autorisation préalable, et ce afin de donner une utilité réelle à la faculté de remplacement. Le créancier peut donc décider unilatéralement de s'adresser à une autre personne que son débiteur s'il estime que ce dernier est en faute. La loi lui fait alors l'obligation de veiller à ce que le coût de l'exécution de remplacement soit raisonnable, puisque ce coût sera imputé, *in fine*, sur le débiteur défaillant.

35. La situation est originale car le contrat sera maintenu, mais exécuté par une personne qui n'est pas partie au contrat. Quoi qu'il en soit, le contrôle judiciaire, qui se faisait *a priori*, se fera *a posteriori*. En effet,

il y a fort à parier que le débiteur refusera de rembourser au créancier le coût de l'exécution par le tiers. Dès lors, le créancier sera contraint d'agir en justice afin qu'il y soit forcé. Le juge vérifiera donc, d'une part, qu'il y avait bien inexécution et, d'autre part, que la somme réclamée au débiteur défaillant est bel et bien raisonnable.

3) La création de la réduction du prix

36. Enfin, l'ordonnance du 10 février 2016 a généralisé la sanction de la réduction du prix, qui n'était possible, jusque-là, que dans certaines situations spéciales[1]. Surtout, et bien qu'il existe encore des controverses à ce sujet en raison des failles rédactionnelles de l'article 1223 du Code, le législateur a offert un pouvoir unilatéral de réduction du prix au créancier de la contrepartie inexécutée[2]. Lorsque le créancier n'a pas encore payé, et s'il estime que la prestation qui devait lui être fournie est imparfaite, la loi lui donne le droit de réduire le prix à proportion de l'inexécution. Par exemple, si le créancier n'a été livré que de la moitié des choses qu'il avait commandées, il est en droit de diminuer le prix qu'il doit de moitié.

37. Cette faculté est très originale car elle revient à donner au créancier le droit de modifier unilatéralement le contrat[3]. Tout se passe comme si le créancier acceptait la prestation imparfaite, dès lors qu'il en réduit le prix. Le contrat sera alors considéré comme correctement exécuté, en dépit de l'imperfection initiale de la prestation reçue. Le contrat étant considéré comme exécuté, le créancier pourra se fournir immédiatement ailleurs pour obtenir le complément. Là encore, et c'est la marque des pouvoirs unilatéraux, le contrôle judiciaire se fera *a*

---

[1] L'on songe, par exemple, à l'action estimatoire en cas de vice caché : C. civ., art. 1644.

[2] Sur l'article 1223, P.-Y. GAUTIER, « La réduction proportionnelle du prix. Exercices critiques de vocabulaire et de cohérence », *JCP* 2016. 947 ; P. LEMAY, « La réduction du prix en cas d'exécution imparfaite : un pas en avant, deux pas en arrière ? », D. 2018. 567 ; É. SAVAUX, « Art. 1223 : la réduction du prix », *RDC* 2015. 786.

[3] En ce sens, D. MAZEAUD, « Droit des contrats : réforme à l'horizon ! », *D.* 2014, p. 291 s., spéc. n° 15.

posteriori et à l'initiative du cocontractant du titulaire du pouvoir. Si ce dernier estime qu'il a correctement exécuté ou que le prix a été réduit de manière disproportionnée, il devra s'en plaindre au juge qui pourra ordonner, le cas échéant, le paiement de tout ou partie de la somme restant due.

Si l'unilatéralisme permet parfois le maintien du contrat, il peut également être mis au service de son anéantissement.

B. L'UNILATÉRALISME AU SERVICE DE L'ANÉANTISSEMENT DU CONTRAT : LA RÉSOLUTION UNILATÉRALE

38. Alors même que les parties n'avaient pas inséré de clause résolutoire, et en dépit de la lettre de l'ancien article 1184 du Code civil qui précisait que la résolution devait être demandée en justice, la Cour de cassation avait offert au créancier la possibilité de résoudre unilatéralement le contrat. L'arrêt fondateur était un arrêt rendu du 13 octobre 1998[1], confirmé ultérieurement dans une décision du 28 octobre 2003 de la Cour de cassation[2]. Même si la jurisprudence n'était pas limpide, la doctrine s'accordait pour dire que la résolution unilatérale n'avait pas le même domaine que la résolution judiciaire. Elle ne pouvait être utilisée par le créancier que si le débiteur avait eu un comportement grave. L'ordonnance du 10 février 2016 a consacré cette faculté de résolution unilatérale, tout en modifiant ses conditions et en précisant sa procédure.

39. *D'abord*, pour qu'un créancier puisse résoudre unilatéralement un contrat, il suffit qu'il puisse se prévaloir d'une inexécution suffisamment grave. Autrement dit, la résolution unilatérale et la

---

[1] Civ. 1re, 13 oct. 1998, *Bull. civ.* I, n° 300, *D.* 1999, p. 198 note Ch. JAMIN ; *D.* 1999, somm. comm., p. 115 obs. Ph. DELEBECQUE ; *Defrénois* 1999, p. 374 obs. D. MAZEAUD.

[2] Civ. 1re, 28 oct. 2003, *Bull. civ.* I, n° 211 ; *RTD civ.* 2004, p. 89, obs. J. MESTRE et B. FAGES ; *RDC* 2004, p. 644, obs. D. MAZEAUD ; *RLDC* 2004, n° 40 obs. E. GARAUD.

résolution judiciaire partagent aujourd'hui le même critère, celui de l' « inexécution suffisamment grave ». Aucun surcroît de gravité n'est donc exigé pour la résolution unilatérale, ce qui fait de ce mode de résolution, non plus un mode d'anéantissement du contrat exceptionnel, mais normal.

40. *Ensuite*, la réforme a été l'occasion de préciser la procédure de résolution unilatérale. Avant la réforme, la Cour de cassation avait décidé que la résolution unilatérale se produisait « aux risques et périls » du créancier. Cela signifiait que le créancier n'était pas à l'abri qu'un juge, saisi par le débiteur, lui reproche d'avoir mis en œuvre la résolution à mauvais escient. La réforme a conservé ce mécanisme, typique des facultés unilatérales.

41. Le créancier devra, dans un premier temps, mettre en demeure le débiteur d'exécuter dans un délai raisonnable. Dans cette mise en demeure, il devra préciser que, faute d'exécution dans le délai, il sera en droit de provoquer la résolution. Si le débiteur n'a pas corrigé l'inexécution, le créancier notifiera alors la résolution, par lettre recommandée avec accusé de réception, la résolution prenant effet à la date de réception de la notification par le débiteur. Il devra nécessairement motiver sa décision, avant même la contestation éventuelle du débiteur.

42. Le débiteur pourra en effet contester la procédure à tout moment, c'est-à-dire soit après avoir reçu la mise en demeure, soit après avoir reçu la notification. Le contrôle du juge s'exercera donc *a posteriori* et si le juge estime que les conditions de la résolution n'étaient pas réunies, il pourra condamner le créancier au versement de dommages et intérêts, voire le contraindre à reprendre le cours des relations contractuelles si c'est encore possible.

43. La progression de l'unilatéralisme à l'occasion de la réforme du droit des contrats est le fruit d'un double mouvement. D'abord, le législateur a, de manière pragmatique, reconnu en droit commun l'existence des rapports de force déséquilibré qui se traduisent par l'impossibilité de toute négociation et par la présence, dans les contrats, de clauses conférant à la partie en situation de force des pouvoirs unilatéraux. Plutôt que de nier l'existence de ces situations, d'ailleurs déjà prises en compte par les droits spéciaux, le législateur a décidé de consacrer la catégorie des contrats d'adhésion et de la doter d'un régime spécial protecteur de l'adhérent. Ensuite, il a semblé au législateur que doter un des contractants de pouvoirs unilatéraux pouvaient parfois permettre de rendre la procédure contractuelle plus efficace. Cette tendance est particulièrement sensible au stade de l'inexécution, le créancier de l'obligation inexécutée ayant obtenu la faculté de mettre en œuvre, sans autorisation judiciaire, plusieurs sanctions.

44. Ce double mouvement a été rendu possible par la mutation de la conception du pouvoir du juge. Plutôt que d'intervenir *a priori*, au stade de la validité du contrat, le juge intervient *a posteriori* pour vérifier que l'usage du pouvoir unilatéral n'est pas abusif. L'espoir est que le juge intervienne moins souvent, la charge de l'initiative du procès ayant été transférée au cocontractant de celui, doté du pouvoir unilatéral. Toutefois, ce transfert s'accompagne d'une augmentation du pouvoir du juge, le contrôle se faisant par le biais de standards juridiques, tels le manifeste, le significatif, l'abus ou encore la proportionnalité.

45. On conclura ainsi par des regrets. L'utilisation des standards qui permettent le contrôle judiciaire est anarchique, tout comme la procédure qui doit être suivie par le titulaire du pouvoir unilatéral. Par exemple, le contractant doté d'un pouvoir unilatéral devrait toujours avoir l'obligation de motiver l'usage de son pouvoir. Or, si une obligation de motivation est imposée au contractant qui résout unilatéralement le contrat, elle n'est exigée, en matière de détermination unilatérale du prix, qu'en cas de contestation et n'est pas

imposée lors réduction unilatérale du prix… S'il en est ainsi, c'est parce que la montée en puissance de l'unilatéralisme en droit des contrats n'a pas été soigneusement pensée, en amont, par le législateur. C'est donc la jurisprudence qui devra, par interprétation, combler les vides et aplanir les divergences.

Observations sur « l'unilatéralisme » en droit japonais des contrats

Aya OHSAWA
Professeur à l'Université HOSEI, Tokyo, Japon

1. En France, l'unilatéralisme en droit des contrats apparait comme un centre d'intérêt majeur dans les discussions, notamment après la réforme du droit des contrats, et ces discussions sont d'un grand intérêt pratique et théorique dans les réflexions japonaises sur le sujet. La réforme du Code civil japonais (*Minpô*), portant principalement sur les dispositions du droit des contrats, a eu lieu en 2017 et a introduit quelques dispositions relatives à l'« unilatéralisme » en droit des contrats. Avant d'entrer dans le détail de ces dispositions, il est nécessaire de confirmer le sens et le cadre précis de la notion d'« unilatéralisme » qui nous semble une vaste notion. Selon l'intervention du Professeur Mathias Latina[1], l'unilatéralisme en droit des contrats en France existe au stade de la conception ainsi qu'au stade de l'exécution. Ainsi a été introduit en droit français le contrat d'adhésion, dans lequel une partie au contrat détermine unilatéralement les clauses du contrat sans qu'il n'y ait de négociations possibles entre les parties[2]. Cet « unilatéralisme » se trouve aussi au Japon et nous amène à étudier le contrôle du consentement des parties et des clauses abusives, notamment dans les conditions générales. Autrement dit, l'idée d'« unilatéralisme » vaut la peine d'être envisagée, en France comme au Japon, lors de la conception et du contrôle du contrat unilatéralement rédigé afin de délimiter la frontière entre le pouvoir unilatéral acceptable et celui qui ne l'est pas (1). En revanche, concernant le stade de l'exécution, la résiliation unilatérale du contrat, autrement dit, la sortie unilatérale du contrat, paraît difficile à concevoir à partir du terme « unilatéralisme ». Il nous semble que la différence du rôle attribué au juge en France et au Japon est très importante pour comprendre le décalage existant entre la situation française et la

[1] V. *supra*, p. 95.
[2] C. civ. fr., art. 1110, al. 2.

situation japonaise quant à la sortie du contrat. En outre, la modification des dispositions concernant la résiliation en France et au Japon nous pousse au réexamen de la force obligatoire du contrat et son rapport avec la résiliation du contrat (2).

I. L'unilatéralisme au stade de la conception du contrat

2. Au Japon, l'imposition de clauses par l'une des parties à l'autre existe tant dans les conditions générales que dans le contrat de consommation. Notamment, s'agissant des conditions générales, la problématique centrale concerne le « consentement » d'un cocontractant à des clauses contenues dans des conditions générales dont il n'a pas négocié le contenu. De plus, ces clauses laissent le consentement mal éclairé et créent un déséquilibre entre les droits et obligations des parties. Selon la doctrine japonaise, les conditions générales invoquées par une partie ont effet à l'égard de l'autre si elles ont été portées à la connaissance de l'autre et si l'autre partie les a acceptées (ce qui est similaire à l'art. 1119 du Code civil français). La lutte contre des clauses abusives dans ces conditions générales se fonde également sur l'ordre public[1], la bonne foi[2] et l'interprétation des contrats. Au niveau législatif, la question des clauses unilatéralement rédigées a d'abord été envisagée par le droit de la consommation. Dans la loi sur les contrats de consommation, adoptée en 2000, les clauses abusives sont annulées au fondement des articles 8, 8-2, 8-3, 9, et 10. Cependant, le champ d'application de ces dispositions n'est pas limité aux seules conditions générales.

3. Afin de consacrer la notion de conditions générales et de créer un régime spécial leur étant destiné, le Conseil législatif, chargé du droit des obligations, du Ministère de la justice s'est penché sur la manière de légiférer sur la notion des conditions générales dans le Code civil japonais. Il s'agissait d'introduire au sein du code civil la notion de

[1] Art. 90 du Code civil (*Minpô*).
[2] Article 1, al. 2 du Code civil (*Minpô*).

conditions générales, ainsi que des dispositions portant sur l'efficacité des conditions générales édictées par une partie à l'égard de l'autre. Dans le même temps, la consécration légale du contrôle des clauses abusives dans le Code civil japonais a été envisagée par ce conseil législatif, mais a finalement été adoptée pour les seules conditions générales. Après de vifs et longs débats, le régime spécial des conditions générales standardisées est apparu dans notre droit civil[1] et le concept de conditions générales standardisées nous semble plus « unilatéral » que celui de « contrat d'adhésion » en France.

4. Comme précédemment expliqué dans mon intervention[2], à l'inverse de la doctrine japonaise qui considère que la connaissance et l'acceptation des conditions générales par le cocontractant sont exigées afin d'assurer leur efficacité, les nouvelles dispositions sur les conditions générales standardisées posent que la garantie que l'autre partie puisse connaître le contenu des conditions générales n'est pas exigée pour les valider dans le contrat. Concrètement, les parties qui font des affaires standardisées sont considérées comme ayant accepté les clauses de conditions générales standardisées dans les cas suivants. D'une part, lorsque les parties se sont mises d'accord pour faire une affaire standardisée et pour valider les conditions générales standardisées dans le contrat[3]. D'autre part, même s'il n'y a pas de « consentement pour valider des conditions générales standardisées », on considère que les parties ont accepté les clauses dans les conditions générales standardisées lorsque la partie qui les a préparées a « manifesté à l'avance sa volonté de valider ces conditions générales standardisées »[4]. Ainsi, pour vérifier le contenu des conditions générales standardisées au Japon, il faut en demander la présentation à

---

[1] Aya OHSAWA, « La vulnérabilité économique au Japon », in *La vulnérabilité : journée Montréal et Ottawa de l'Association Henri Capitant, 2018*, Bruylant, à paraître ; Aya OHSAWA, « La réforme de la loi sur les contrats de consommation au Japon », *RIDC* 2-2020, p. 523 s.

[2] Aya OHSAWA, « La partie faible et le droit civil au Japon : mythe et réalité », *supra*, p. 77.

[3] Art. 548-2, al. 1, 1° du Code civil (*Minpô*).

[4] Art. 548-2, al. 2, 2° du Code civil (*Minpô*).

l'avance au cocontractant qui les a rédigées[1], ce qui traduit tout à fait l'unilatéralisme dans la conception du contrat. En effet, celui-ci suppose la « standardisation totale » des affaires dont les conditions générales sont entièrement standardisées, de sorte qu'il est nécessaire de limiter le champ d'application de ces dispositions à cette hypothèse.

5. De plus, il est important, dans ce cas, de prendre en compte le rôle du juge dans le maintien de l'équilibre entre les parties, notamment à travers la délimitation de la liberté contractuelle par le contrôle des clauses abusives. Selon l'article 548-2, alinéa 2, au sein des clauses visées à l'article 548-2, alinéa 1, sont considérées comme non acceptées par l'autre partie les clauses qui limitent les droits des cocontractants ou accroissent leurs obligations, qui violent les intérêts des cocontractants au point de déroger au principe fondamental de l'article 1, alinéa 2 du Code civil (principe de bonne foi) dont l'appréciation est objective mais prend en compte la situation actuelle de l'affaire considérée. Cependant, plus théoriquement, le contrôle des clauses abusives ne se limite pas seulement au contrat d'adhésion et aux conditions générales standardisées. Si le droit français a légalement consacré la notion de contrat d'adhésion comme champ de contrôle de clauses abusives, cette consécration ne se révèle-t-elle pas plus limitée que la conception de la doctrine française qui considère la clause non négociée comme le champ de contrôle ? Selon cette conception, l'unilatéralisme dans le contrat ne se limite pas seulement aux problèmes relatifs au contrat d'adhésion. En effet, tant la loi sur les contrats de consommation que le Code de la consommation ne limitent pas le champ de contrôle des clauses abusives aux conditions générales. Même dans un contrat entre professionnels sans recours à l'utilisation de conditions générales, il est probable qu'un professionnel inférieur à une autre partie se voit imposer des clauses abusives.

[1] Art. 548-3 du Code civil (*Minpô*).

6. Les dispositions traduisant l'unilatéralisme dans la réforme de Code civil japonais sont celles relatives au droit de modifier unilatéralement les conditions générales standardisées. Selon l'article 548-4 du Code civil japonais, la partie qui a préparé les conditions générales standardisées peut les modifier sans l'accord de l'autre dans deux hypothèses. Tout d'abord dans le cas où « la modification des conditions générales standardisées se conforme à l'intérêt de l'autre »[1]. Ensuite, dans l'hypothèse où « la modification des conditions générales standardisées n'est pas contraire à l'objet du contrat et est raisonnable en tenant compte de la nécessité de la modification, de la légitimité du contenu modifié, de l'existence et du contenu de la clause qui désigne la possibilité de modifier les conditions générales standardisées, et des autres éléments propres au contexte de la modification »[2]. Le même article prévoit que le contractant peut fixer la date de prise d'effet de cette modification et annoncer « la modification des conditions générales standardisées et le contenu après cette modification, ainsi que la date de prise d'effet, par tous moyens raisonnables ; sur le site internet, par exemple » jusqu'à la date de prise d'effet[3]. Certes, en principe, si une partie veut modifier le contenu du contrat après sa conclusion, elle doit obtenir l'accord de son cocontractant. Toutefois, en pratique, il est peu réaliste dans les contrats d'adhésion dont les conditions sont proposées aux masses que l'une des parties obtienne l'accord de ses cocontractants pour cette modification. C'est notamment cette considération qui a motivé l'adoption de cette disposition.

7. Cependant, la modification unilatérale des clauses du contrat déroge au principe essentiel du droit des contrats, selon lequel le contrat est nécessairement le produit d'un débat entre les parties. Selon ce principe, les clauses ne peuvent être modifiées qu'après un débat entre les parties au contrat. Il nous semble donc que ces nouvelles dispositions attachent

---

[1] Art. 548-4, al.1, 1° du Code civil (*Minpô*).
[2] Art. 548-4, al.1, 2° du Code civil (*Minpô*).
[3] Art. 548-4, al. 2 et 3 du Code civil (*Minpô*).

beaucoup d'importance à la particularité des conditions générales standardisées utilisées pour des affaires de masses, mais ne viennent pas résoudre les problèmes suivants. Tout d'abord, dans la proposition provisoire du Conseil législatif du Ministère de la justice, il était prévu de conditionner ce pouvoir de modification unilatérale à l'octroi d'une faculté de résiliation pour l'autre partie. L'appréciation de la notion de « modification raisonnable » devrait donc prendre en compte l'existence d'une faculté de résiliation.

8. Ensuite, ce qui est plus délicat, il reste la question de la prise en compte de l'unilatéralisme dans la modification de l'objet et du prix du contrat. En droit japonais, en application des règles applicables aux conditions générales standardisées, il semble possible de modifier unilatéralement la clause sur le prix, malgré le fait que la doctrine japonaise veuille limiter cette possibilité de modification unilatérale aux clauses accessoires. La modification unilatérale des clauses portant sur le prix, l'objet, et la durée du contrat risque de créer un déséquilibre significatif entre les droits et obligations des parties au contrat si, par exemple, elle altère la qualité et les caractéristiques du contrat ou si elle mène à une augmentation significative du prix[1].

9. Enfin, selon le commentaire officiel, en présence d'une clause qui détermine l'objet et les conditions de modification dans les conditions générales standardisées, toute modification en application de cette clause pourrait être considérée comme raisonnable[2]. En revanche, selon ce commentaire, l'appréciation du caractère raisonnable n'est pas limitée à la stipulation d'une clause encadrant la modification unilatérale des conditions générales standardisées. Autrement dit, même en l'absence de clause explicite, la modification des conditions générales standardisées pourrait être considérée comme raisonnable. Toutefois, il est à noter que ce type de clause pourrait en elle-même être

---

[1] Comp. art. R. 212-4, al. 4 du Code de la consommation français.

[2] Takeo TSUTSUI et Hideki MURAMATSU (dir.), *Questions et réponses sur la réforme de droit des obligations*, Syoujihoumu, 2018, p. 260.

considérée comme abusive. Notamment, une clause qui ne désignerait pas l'objet de la modification en détail, ce qui permettrait la modification unilatérale de l'objet ou du prix du contrat, devrait être considérée comme abusive, en particulier dans les contrats de consommation. Il serait souhaitable de dresser une liste de ce type de clause concernant la modification unilatérale, ne serait-ce que dans la loi sur les contrats de consommation.

10. Afin d'éviter une modification unilatérale « abusive », le champ de cette modification devrait être strictement cantonné aux conditions générales totalement standardisées, autrement dit celles qui visent les masses et ne sont jamais modifiées en raison du caractère raisonnable de la standardisation pour les parties. Cependant, il est délicat d'encadrer la notion de « conditions générales totalement standardisées ». En pratique, une jurisprudence japonaise a admis la modification unilatérale des frais postaux d'envoi de la facture papier (de sans frais à 100 yens par mois) dans le contrat d'utilisation du téléphone portable japonais, parce que ce contrat avait pour objet une prestation pour une masse des clients, et que dans ce cas, cette modification ne conduisait pas à facturer un prix exagéré aux consommateurs ni à changer une obligation principale du contrat. Certes, dans un contrat de masse tels que les contrats de téléphonie mobile, de distribution de gaz ou de transport en commun, il est nécessaire de fournir des prestations communes et égales aux consommateurs tout en réduisant le coût de celles-ci. Cependant, il n'en est pas moins vrai que la modification du contenu du contrat doit principalement être réalisée de manière bilatérale. Il faut encadrer le champ de la modification unilatérale du contrat et apprécier rigoureusement « l'abus » de cette modification. *Quid* de l'unilatéralisme au stade de l'exécution du contrat ?

II. L'unilatéralisme au stade de l'inexécution du contrat

11. S'agissant de l'inexécution du contrat, la loi sur la réforme du Code civil japonais a introduit, de manière similaire à la France, la sanction de réduction du prix en cas de non-conformité avec le contenu du contrat de vente[1], l'ajoutant au complètement d'exécution[2], aux dommages et intérêts[3], et à la résiliation[4], ce qui est applicable par analogie aux contrats à titre onéreux autres que la vente[5]. La réduction du prix était autorisée uniquement lorsque le vendeur ne pouvait transférer à l'acheteur l'intégralité de la chose vendue, parce qu'une partie de cette chose appartient à autrui[6] ou lorsque la chose vendue avec indication de quantité ne contenait pas la quantité indiquée[7]. Toutefois, il était souvent nécessaire de rétablir l'équivalence des prestations dans le contrat de vente, ce qui a abouti à la réforme.

12. En cas de non-conformité sur la nature, la qualité, ou la quantité de la chose vendue avec le contenu du contrat de vente[8], si l'acheteur somme le vendeur de compléter l'exécution du contrat en lui fixant un délai convenable, il peut, faute d'exécution dans ce délai, solliciter une réduction du prix proportionnelle au degré de non-conformité[9]. De plus, l'acheteur peut exécuter ce droit de réduction du prix sans sommation, lorsque l'exécution totale est devenue impossible : lorsque le vendeur refuse l'exécution totale, lorsque l'acheteur n'a pas obtenu l'exécution totale en temps utile ou lorsque l'acheteur n'a aucun espoir d'obtenir

---

[1] Art. 572 du Code civil (*Minpô*).
[2] Art. 562 du Code civil (*Minpô*).
[3] Art. 564 et 415 du Code civil (*Minpô*).
[4] Art. 564 et 415 du Code civil (*Minpô*).
[5] Art. 559 du Code civil (*Minpô*). La non-conformité avec le contenu du contrat de vente, qui est la non-conformité sur la nature, la qualité, ou la quantité de la chose vendue avec le contenu du contrat de vente (art. 562 du Code civil japonais), a été introduite au titre des « vices-caches » avant la réforme du Code civil japonais (ancien art. 570 du Code civil).
[6] Art. 563 du Code civil (*Minpô*).
[7] Art. 565 du Code civil (*Minpô*).
[8] Art. 562 du Code civil (*Minpô*).
[9] Art. 563 al. 1 du Code civil (*Minpô*).

l'exécution totale même après sommation du vendeur[1]. Toutefois, lorsque la non-conformité avec le contenu du contrat résulte d'un fait imputable à l'acheteur, celui-ci ne peut pas demander la réduction du prix[2].

13. Cette sanction permet de rééquilibrer les prestations entre les parties, et vaut résiliation partielle, de sorte que les conditions de la réduction du prix sont similaires à celles de la résiliation. Cependant, il faut examiner l'équilibre entre cette sanction et les autres sanctions comme les dommages et intérêts ou la résiliation. Par exemple, lorsque la non-conformité du contenu de contrat est due à un fait imputable au vendeur, l'acheteur ne peut pas demander de dommages-intérêts[3], mais peut demander la réduction du prix.

14. Toutefois, il est plus intéressant, pour comparer le droit français et le droit japonais, de se pencher sur la résiliation du contrat, en tenant compte des différences existant entre les deux pays : au Japon, la faculté légale de résiliation du contrat, inscrite dans le Code civil, peut être exercée sans intervention du juge. Autrement dit, il est possible de résilier le contrat par simple déclaration de volonté à l'autre partie. Ainsi, au Japon, la prise d'effet de la résiliation du contrat a lieu lorsque la déclaration de volonté parvient au débiteur. En revanche, avant la réforme du Code civil japonais, puisque la résiliation du contrat était considérée comme une sanction à l'encontre du débiteur qui n'avait pas exécuté son obligation, le créancier ne pouvait résilier le contrat que lorsque l'inexécution faisait suite à un fait imputable au débiteur. Selon l'ancien article 543 du Code civil japonais, « si l'exécution totale ou même partielle est devenue impossible par suite d'un fait imputable au débiteur, le créancier peut résilier le contrat »[4]. Pour la doctrine japonaise, cette impossibilité de résiliation en l'absence de fait

[1] Art. 563, al. 2 du Code civil (*Minpô*).
[2] Art. 563, al. 3 du Code civil (*Minpô*).
[3] Art. 415 du Code civil (*Minpô*).
[4] Cette traduction est tirée de l'ouvrage : Ichiro MOTONO et Massa-akira TOMII, *Code civil de l'empire du Japon 1896*, Shinsei-Shuppan, 1997, p. 132.

imputable au débiteur était considérée comme s'appliquant aussi à la résiliation en cas d'inexécution[1]. Toutefois, même si cette inexécution ne résultait pas d'un fait imputable au débiteur, il était souvent raisonnable de permettre au créancier de se libérer du contrat quand il lui était inutile de le maintenir.

15. Ainsi, après la réforme, le créancier peut résilier le contrat même en l'absence de fait imputable au débiteur. Selon l'article 541, lorsque l'une des parties n'exécute pas son obligation, l'autre peut la sommer de s'exécuter, en lui fixant un délai convenable, et peut, faute d'exécution dans ce délai, résilier le contrat, sauf si cette inexécution est légère. En cas de légère inexécution, le créancier doit se satisfaire d'autres solutions : dommages et intérêts, réduction du prix ou demande de complétement d'exécution, de sorte qu'il sera nécessaire d'interpréter la notion de « légère inexécution ». Également, le créancier peut résilier le contrat sans sommation, lorsque l'exécution totale est devenue impossible, lorsque le débiteur refuse l'exécution totale, lorsque l'exécution partielle est devenue impossible ou que le débiteur refuse l'exécution partielle et que l'objet de contrat ne peut plus être accompli, ou encore lorsque la partie n'a pas obtenu l'exécution en temps utile[2]. Dans ce cas, il est vain de fournir une occasion d'exécution au débiteur, et il semble raisonnable de permettre la résiliation sans sommation.

16. Par ailleurs, le créancier peut aussi résilier partiellement le contrat sans sommation lorsque l'exécution partielle est devenue impossible, ou lorsque le débiteur refuse l'exécution partielle[3]. Cette règle suppose le cas où le créancier ne pourrait pas être suffisamment compensé par des dommages et intérêts ou la réduction du prix, ce qui justifierait la résiliation partielle. Ces dispositions permettent de sortir immédiatement du contrat quand il n'est pas possible d'attendre

---

[1] Anc. art. 541 du Code civil (*Minpô*).
[2] Art. 542 al. 1 du Code civil (*Minpô*).
[3] Art. 542 al. 2 du Code civil (*Minpô*).

l'exécution par le débiteur. Pour le créancier, il est inutile de maintenir un contrat dont il ne peut obtenir l'exécution totale, de sorte qu'il pourra désormais résilier son contrat s'il ne peut en espérer l'accomplissement. En conséquence, ces nouvelles dispositions franco-japonaises posent une question plus fondamentale, à savoir dans quel but le droit de résiliation pourra-t-il être exercé ? Il ne s'agit plus seulement de la sanction de l'inexécution de contrat. Ce développement franco-japonais semble indiquer que la résiliation du contrat, dans sa conception actuelle, est un moyen permettant de sortir facilement de la relation contractuelle.

17. Au sein de la discussion sur la réforme du Code civil japonais, deux aspects se dégagent : d'une part, la prise en considération du déséquilibre existant entre les parties contractuelles, comme ce fut le cas lors de la discussion portant sur la réforme du droit des contrats en France. D'autre part, l'amélioration de la compréhensibilité du Code civil pour des citoyens par l'introduction de règles jurisprudentielles et doctrinales, et le rapprochement avec les règles internationales. Les nouvelles dispositions concernant la résiliation et les solutions à l'inexécution du contrat sont le fruit de la prise en considération de la compréhensibilité et de l'internationalisation. En revanche, la conception des pouvoirs unilatéraux dans les conditions générales standardisées semble plutôt favorable à « l'efficacité », et ce afin de favoriser les aspirations des acteurs économiques. Aussi est-il nécessaire d'attendre la jurisprudence et son contrôle de l'abus du pouvoir unilatéral dans les conditions générales standardisées pour apprécier l'impact concret de ces nouvelles dispositions.

SECONDE PARTIE

LE RENOUVEAU DU DROIT DE LA RESPONSABILITÉ CIVILE

La fonction préventive de la responsabilité civile dans le projet de réforme de la responsabilité

Mathias LATINA
Professeur de droit privé à l'Université Côte d'Azur
CERDP

Projet, article 1237
Les dépenses exposées par le demandeur pour prévenir la réalisation imminente d'un dommage ou pour éviter son aggravation, ainsi que pour en réduire les conséquences, constituent un préjudice réparable dès lors qu'elles ont été raisonnablement engagées.

Projet, article 1263
Sauf en cas de dommage corporel, les dommages et intérêts sont réduits lorsque la victime n'a pas pris les mesures sûres et raisonnables, notamment au regard de ses facultés contributives, propres à éviter l'aggravation de son préjudice.

Projet, article 1266
En matière extracontractuelle, indépendamment de la réparation du préjudice éventuellement subi, le juge peut prescrire les mesures raisonnables propres à prévenir le dommage ou faire cesser le trouble illicite auquel est exposé le demandeur.

Projet, article 1279-6
Les dispositions de l'article 1266 sont applicables au trouble illicite auquel est exposé l'environnement.

1. Au sens générique, la responsabilité civile est, traditionnellement, l'obligation de répondre en justice des actes qui ont causé ou vont causer un dommage à autrui[1]. Cette « réponse » passe, en principe, par la réparation des préjudices qui découlent du dommage. En droit

[1] G. CORNU (dir.), *Vocabulaire juridique*, 10e éd., PUF, 2014, v° Responsabilité.

français, l'idéologie de la réparation, et le dogme de la réparation intégrale des préjudices qui lui est consubstantiel, ont longtemps contribué à éclipser les autres fonctions de la responsabilité. En effet, si la fonction première de la responsabilité est l'indemnisation de la victime, qui doit être replacée dans la situation qui aurait été la sienne en l'absence du dommage, la responsabilité civile peut poursuivre d'autres objectifs. Elle peut avoir pour fonction de punir le responsable[1] ou de le contraindre à prévenir le dommage qui va nécessairement découler de ses actes[2]. Ces deux fonctions ont d'ailleurs une parenté certaine : la punition a une dimension dissuasive tandis que l'acte de prévention, dont le coût est parfois élevé, peut être vécu comme une punition par le responsable.

2. Toujours est-il que la fonction préventive de la responsabilité n'a eu de cesse de se développer dans la période contemporaine[3]. Le corps social accepte de moins en moins que les dommages soient imputés à la fatalité ou qu'ils soient présentés comme inévitables. Le dommage doit nécessairement avoir un responsable, responsable qui n'a pas pris les précautions nécessaires pour éviter sa survenance. L'épidémie de Covid-19 est la dernière illustration de cette tendance lourde. Nombreux sont ceux qui imputent les morts, non directement à la

---

[1] B. STARCK, *Essai d'une théorie de la responsabilité civile considérée en sa double fonction de garantie et de peine privée*, 1947, Paris ; S. CARVAL, *La responsabilité civile dans sa fonction de peine privée*, LGDJ, 1995 ; M. CAPPELLETTI, « Réflexions comparatives sur le rôle de la punition en droit de la responsabilité délictuelle », *RDC* 2019, n° 116p5, p. 293. V. G. CHANTEPIE, « L'amende civile », p. 61.

[2] C. BLOCH, *La cessation de l'illicite. Recherche sur une fonction méconnue de la responsabilité civile*, Dalloz, 2008 ; P. GILIKER, « La cessation de l'illicite », *RDC* 2019, n° 116p8, p. 284.

[3] C. THIBIERGE, « Libres propos sur l'évolution du droit de la responsabilité (vers un élargissement de la fonction de la responsabilité civile) », *RTD civ.* 1999, p. 561 s. : « Cette fonction de prévention n'est donc pas nouvelle. Ce qui est nouveau en revanche c'est qu'aujourd'hui elle paraît susceptible de revêtir une dimension plus vaste : elle peut prendre en effet deux formes aux fonctions et aux objets distincts : une fonction classique de dissuasion, qui vise la prévention des comportements anti-sociaux et qui est fondée sur la menace d'une sanction ; et une fonction nouvelle d'anticipation, qui vise la prévention des dommages et qui est fondée sur la menace de dommages graves et irréversibles ».

maladie, issue selon toute vraisemblance d'une mutation naturelle d'un virus, mais à ceux qui n'ont pas su éviter, par les précautions adéquates, que la maladie se propage. Le principe de précaution a donc largement pénétré la sphère de la responsabilité. Il commande que la survenance du dommage ne soit pas attendue et, surtout, que la réaction du droit soit plus précoce, qu'elle se fasse dès l'apparition d'un risque de dommage.

3. La notion de risque n'était pas étrangère au droit français de la responsabilité civile. Elle avait déjà permis d'élargir le champ des faits générateurs de responsabilité et, en conséquence, l'avènement des responsabilités dites « objectives ». Une personne doit répondre non seulement du dommage qui découle de sa faute mais également de ses actes, même non fautifs, s'ils traduisent la prise d'un risque de la part de son auteur. Le risque s'est ensuite déplacé du fait générateur au dommage. Parce que le dommage apparaît intolérable, il n'est plus suffisant qu'il soit réparé, il faut qu'il soit prévenu, c'est-à-dire stoppé avant sa réalisation. La jurisprudence, d'abord, et le législateur, ensuite, sont donc intervenus pour développer la fonction préventive de la responsabilité.

4. Le droit de l'environnement a servi de laboratoire, le préjudice environnemental devant être, coûte que coûte, évité. C'est ainsi que la loi n° 2016-1087 du 8 août 2016 pour la reconquête de la biodiversité, de la nature et des paysages a développé les mesures préventives destinées à empêcher la survenance d'un préjudice écologique. L'article 1251 du Code civil énonce ainsi que « les dépenses exposées pour prévenir la réalisation imminente d'un dommage, pour éviter son aggravation ou pour en réduire les conséquences constituent un préjudice réparable », tandis que l'article 1252 ajoute qu'« indépendamment de la réparation du préjudice écologique, le juge (…) peut prescrire les mesures raisonnables propres à prévenir ou faire cesser le dommage ».

5. L'avant-projet de réforme de la responsabilité civile reprend ces principes, cantonnés au dommage environnemental en droit positif, en les élargissant à tous les types de dommage. Plus généralement, le législateur entend renforcer la fonction préventive de la responsabilité, en mettant sa mise en œuvre à la charge, d'une part, de la victime (I) et, d'autre part, du juge (II).

I. La fonction préventive de la responsabilité mise en œuvre par la victime

6. L'avant-projet de réforme de la responsabilité civile entend renforcer la prévention du dommage, tout en mettant cette prévention, en partie, à la charge de la victime. Pour cela, le législateur envisage deux voies, celle de l'incitation, d'une part, et de la répression, d'autre part.
D'abord, la victime est incitée à éviter la réalisation ou l'aggravation de son dommage puisqu'elle est dotée de la possibilité d'obtenir de l'auteur, comme c'est déjà le cas en droit positif, le remboursement des sommes qu'elle a exposées pour prévenir le dommage.
Ensuite, dans certaines hypothèses, et au contraire du droit positif cette fois, l'avant-projet fait même parfois obligation à la victime de réduire l'ampleur de son préjudice sous peine de voir les dommages et intérêts auxquels elle a droit diminués.

7. Le projet de réforme de la responsabilité civile prévoit donc, tantôt d'encourager la victime à empêcher la réalisation ou l'aggravation de son dommage (A), tantôt d'obliger la victime à limiter l'ampleur de son préjudice (B)

A. ENCOURAGER LA VICTIME À EMPÊCHER LA RÉALISATION OU L'AGGRAVATION DE SON DOMMAGE (ARTICLE 1237)

8. L'article 1237 de l'avant-projet de réforme énonce que « *les dépenses exposées par le demandeur pour prévenir la réalisation imminente d'un dommage ou pour éviter son aggravation, ainsi que pour en réduire les conséquences, constituent un préjudice réparable dès lors qu'elles ont été raisonnablement engagées* ». L'objectif de cet article est d'inciter la victime, grâce à la perspective du remboursement, à prendre en charge ses intérêts en empêchant la survenance du dommage qu'elle est susceptible de subir. En lui-même, cet article n'est pas novateur. Même si le Code civil actuel ne comporte pas de disposition similaire[1], la Cour de cassation a d'ores et déjà pu admettre que « la charge financière ou les conséquences économiques des mesures que [la victime] a prises pour prévenir un risque de dommage soient mises à la charge de celui qui l'a fait naître »[2].

9. Par exemple, il a pu être décidé que les mesures prises par une personne pour éviter un glissement de terrain qui avait été rendu possible par les travaux de terrassement effectués par un voisin constituaient un préjudice que ce dernier devait réparer[3]. Il n'y a pas là de dérogation au refus de la réparation du préjudice hypothétique. En effet, la dépense, en elle-même, est un préjudice certain. Reste que le juge doit se demander si la dépense était justifiée par le risque, c'est-à-dire si le lien de causalité entre le fait générateur, ici le terrassement, et la mesure préventive est suffisamment caractérisé.

---

[1] V. toutefois C. civ., art. 1251 : « Les dépenses exposées pour prévenir la réalisation imminente d'un dommage, pour éviter son aggravation ou pour en réduire les conséquences constituent un préjudice réparable », dont l'article 1237 du projet est une généralisation.

[2] B. FAGES, *Droit des obligations*, 8e éd., 2018, n° 377.

[3] Civ. 2e, 15 mai 2018, n° 07-13483. V. aussi C iv. 1re, 28 nov. 2007, n° 06-19405.

10. Cette exigence a été reprise dans l'article 1237 de l'avant-projet. En effet, ce n'est que si la réalisation du dommage est « imminente », c'est-à-dire que le risque de dommage est fort, que la victime pourra agir de sa propre initiative[1]. En outre, les mesures mises en œuvre devront être proportionnées au risque, puisque seules les mesures « raisonnablement » engagées constitueront un préjudice réparable. Même si l'article 1237 est une reprise du droit positif, il pose, au moins, deux questions.

11. D'abord, le champ d'application de l'article 1237 n'est pas cantonné à la seule responsabilité extracontractuelle, puisqu'elle figure dans une subdivision intitulée « dispositions communes aux responsabilités contractuelle et extracontractuelle ». Or, la possibilité d'obtenir du responsable le remboursement des sommes exposées pour éviter un dommage fait double emploi, en matière contractuelle, avec la faculté de remplacement prévue à l'article 1222 du Code civil[2]. En cette matière, en effet, le créancier, confronté à l'inexécution de son débiteur, peut décider, sans avoir à obtenir d'autorisation judiciaire préalable, de faire exécuter l'obligation par un tiers, et de demander au débiteur le remboursement des sommes engagées à cette fin. La finalité de ces deux dispositions est très proche, l'article 1222 ayant vocation à permettre au créancier de surmonter rapidement l'inexécution, c'est-à-dire avant que celle-ci ne lui cause un dommage.

12. Pourtant, la mise en œuvre de la faculté de remplacement, bien qu'assouplie par la réforme du droit des obligations de 2016, est soumise à une condition que ne connaît pas l'article 1237, à savoir la mise en demeure. Avant d'user de la faculté de remplacement, le créancier doit laisser une dernière chance au débiteur d'exécuter par lui-même. Or, tel n'est pas le cas sur le terrain de l'article 1237. Sur le fondement de ce dernier texte, le créancier pourrait, dès lors qu'il est en

---

[1] À défaut elle devra user de l'action mise en place par l'article 1266.

[2] Sur cette critique, v. J.-S. BORGHETTI, « L'avant-projet de réforme de la responsabilité civile. Vue d'ensemble de l'avant-projet », *D.* 2016. 1386, spéc. n° 46.

mesure de démontrer que l'inexécution va lui causer un dommage imminent, faire exécuter l'obligation par un tiers, puis demander le remboursement des sommes au débiteur. Peut-être est-ce l'urgence, sur laquelle insiste l'article 1237 du Code civil, qui justifie la différence de régime. Quoi qu'il en soit, compte tenu de la proximité de ces textes et de leur différence de régime, il serait sans doute opportun de réserver l'article 1237 à la seule responsabilité extracontractuelle et de modifier l'article 1222 afin de dispenser le créancier de mise en demeure en cas d'urgence.

13. Ensuite, le texte de l'article 1237 est sans doute trop restreint qui n'envisage que le remboursement des « dépenses exposées » par la victime[1]. Or, il se pourrait fort bien que la victime n'ait pas recours à un prestataire extérieur mais qu'elle accomplisse elle-même les mesures préventives. Que l'on songe, par exemple, à un professionnel libéral qui serait dans l'obligation de cesser son activité pendant plusieurs jours afin d'effectuer les travaux nécessaires pour éviter la survenance du dommage. Son préjudice ne prendrait pas la forme d'une perte, seule envisagée par le texte, mais d'un gain manqué, puisqu'il aura été privé des revenus de son travail. Puisque la réforme de la responsabilité civile n'en est qu'au stade de l'avant-projet, il serait donc souhaitable que le texte soit élargi pour prendre en compte tous les types possibles de préjudices.

Si l'avant-projet de réforme de la responsabilité civile entend inciter la victime à prévenir son préjudice, il fait également obligation à cette dernière d'en limiter l'ampleur.

---

[1] V. *La réforme du droit français de la responsabilité civile et les relations économiques*, Rapport CA Paris, spéc. p. 25.

B. OBLIGER LA VICTIME À LIMITER L'AMPLEUR DE SON PRÉJUDICE (ART. 1263)

14. En droit positif, le dogme de la réparation intégrale du préjudice n'a jamais cédé devant l'analyse économique du droit, analyse qui prescrit d'obliger la victime à minimiser son préjudice dans son propre intérêt, mais également dans l'intérêt du responsable. La Cour de cassation s'est toujours refusée à obliger la victime à prendre les mesures propres à limiter l'ampleur de son préjudice[1].

15. D'abord, la haute juridiction a posé le principe en matière délictuelle en considérant que « l'auteur d'un accident est tenu d'en réparer toutes les conséquences et que la victime n'est pas tenue de limiter son préjudice dans l'intérêt du responsable »[2]. En l'espèce, la victime d'un accident de la circulation n'avait pas suivi de séance de rééducation orthophonique et psychologique conformément aux préconisations des médecins. Pour autant, la Cour de cassation n'a pas souhaité que l'on puisse reprocher à cette victime son attitude pour diminuer son indemnisation.

16. Ensuite, la même solution a été adoptée en matière contractuelle, et ce alors qu'une partie de la doctrine poussait pour une inflexion en cette matière. Dans une affaire ayant donné lieu à un arrêt du 10 juillet 2013[3], le propriétaire d'un immeuble avait fait réaliser des travaux de terrassement par un entrepreneur, travaux qui avaient déstabilisé son terrain. Pour réduire le montant de l'indemnisation qu'il réclamait à l'entrepreneur, la cour d'appel lui avait reproché de ne pas avoir réagi après le vol des étais, mis en place par ledit entrepreneur, et d'avoir ainsi laissé la situation se détériorer. La Cour de cassation a sèchement censuré cette décision au visa de l'ancien article 1147 du Code civil et

---

[1] Certains textes spéciaux imposent cette obligation. V. CIVM, art. 77. V. aussi C. ass., art. L. 172-23.

[2] Civ. 2e, 19 juin 2003, n° 01-13289. V. aussi Crim. 27 sept. 2016, n° 15-83.309 ; Civ. 2e, 26 mars 2015, n° 14-16011.

[3] Civ. 3e, 10 juillet 2013, n° 12-13851.

au motif que « l'auteur d'un dommage doit en réparer toutes les conséquences et que la victime n'est pas tenue de limiter son préjudice dans l'intérêt du responsable »[1].

17. Inspiré par les nombreux exemples étrangers[2], le législateur propose aujourd'hui de briser partiellement la jurisprudence de la Cour de cassation[3]. En effet, l'article 1263 de l'avant-projet prévoit d'imposer à la victime de prendre les mesures propres à limiter son préjudice dans certaines hypothèses. Ici, il ne s'agit plus d'inciter la victime à la prise de mesures préventives en lui faisant la promesse d'un remboursement par le responsable, mais de la menacer d'une diminution de son indemnisation en cas d'inertie. Plusieurs garde-fous viennent, toutefois, limiter le domaine de cette obligation :

18. D'abord, l'obligation de minimiser son dommage ne concerne pas le dommage corporel[4]. Le principe de l'intangibilité du corps humain s'oppose, en effet, à ce que l'on fasse pression sur un individu pour qu'il accepte de se soumettre à un traitement médical. En d'autres termes, une victime n'a pas à se soumettre à un traitement médical, même si ce traitement peut améliorer sa condition et n'est pas invasif. Le consentement à l'acte médical doit être entièrement libre.

19. Ensuite, la victime ne doit mettre en œuvre que les mesures préventives « sûres et raisonnables ». Aucune témérité n'est donc exigée de la victime qui n'a pas à prendre de risque dans l'intérêt du responsable. Le standard du « raisonnable », en particulier, renvoie à la notion de « normalité ». Seules les mesures normales, à la sécurité

---

[1] *Ibid.*

[2] C. civ. italien, art. 1227 ; (BGB, art. 254). V. aussi Principes d'Unidroit, 2016, art. 7.4.8, PEDC, art. 9 :505. Dans les pays de Common law, l'obligation de minimiser son dommage est bien implantée : *duty to mitigate*.

[3] V. A.-L. FABAS-SERLOOTEN, « L'obligation de minimiser le dommage dans le projet de réforme de la responsabilité : la victime responsable de la gestion de son dommage », *RLDC* 2018, n° 161, p. 21.

[4] V. L. ANTONINI-COCHIN, « La réparation du dommage corporel dans le projet de la réforme de la responsabilité civile », p. 145, n° 11.

éprouvée, devront être utilisées par la victime, sous peine de diminution de son indemnisation.

20. Enfin, la situation de fortune de la victime devra être prise en compte par le juge. Certes, les mesures prises pourront faire l'objet d'un remboursement par l'auteur, si celles-ci ont un coût, sur le fondement de l'article 1237. Toutefois, il ne serait pas équitable de reprocher à la victime de ne pas avoir pris des mesures, quoique sûres et raisonnables, si cette dernière n'avait pas les moyens financiers d'en assumer le coût, même temporairement.

21. Dans un premier temps, l'avant-projet de réforme de la responsabilité civile entend renforcer la fonction préventive de la responsabilité en poussant la victime, soit sur le mode incitatif, soit sur le mode coercitif, à prendre les mesures nécessaires pour empêcher que son dommage ne survienne ou ne s'aggrave. Dans un second temps, l'avant-projet souhaite créer, en droit substantiel, une action destinée à permettre au juge de prévenir le dommage, voire de faire cesser le trouble illicite.

II. La fonction préventive de la responsabilité mise en œuvre par le juge

22. L'article 1266 de l'avant-projet de réforme énonce qu'« *en matière extracontractuelle, indépendamment de la réparation du préjudice éventuellement subi, le juge peut prescrire les mesures raisonnables propres à prévenir le dommage ou faire cesser le trouble illicite auquel est exposé le demandeur* ». Ce faisant, le législateur envisage de créer une action autonome, quoique placée sous le giron de la responsabilité extracontractuelle, destinée à permettre au juge de prescrire des mesures propres à empêcher que le dommage ne se produise (A), y compris en ordonnant la cessation du trouble illicite (B).

A. PERMETTRE AU JUGE DE PRÉVENIR LE DOMMAGE

23. En premier lieu, il convient de constater que le juge peut déjà, en droit positif, et à la demande de la victime, ordonner l'accomplissement de mesures destinées à empêcher la survenance d'un dommage. Autrement dit, à l'heure actuelle, il serait faux de croire que le rôle du juge, en matière extracontractuelle, est cantonné à la seule réparation du préjudice. L'article 835 du Code de procédure civile précise, en effet, que « *Le président du tribunal judiciaire ou le juge du contentieux de la protection dans les limites de sa compétence peuvent toujours, même en présence d'une contestation sérieuse, prescrire en référé les mesures conservatoires ou de remise en état qui s'imposent (...) pour prévenir un dommage imminent* ». Toutefois, cette action est une action en référé, ce qui explique, d'une part, que l'intervention du juge soit limitée à l'hypothèse d'un « dommage imminent » et, d'autre part, que les mesures susceptibles d'être ordonnées soient des « mesures conservatoires ou de remise en état ».

24. L'objectif du législateur est ainsi de créer, en droit substantiel, une action permettant au juge d'empêcher la survenance d'un dommage, hors de toute urgence. L'article 1266 de l'avant-projet ne contient donc aucune exigence relative à l'imminence du dommage et élargit le champ des mesures susceptibles d'être ordonnées. Le juge pourra ainsi prescrire toutes mesures pourvu, d'une part, qu'elles soient propres à prévenir le dommage et, d'autre part, raisonnables. Comme dans les articles 1237 et 1263, la référence au standard du raisonnable est censé guider le juge au moment de décider s'il est opportun, ou non, d'engager un acte de prévention. Précisément, la question se pose de l'articulation entre l'article 1237, qui incite la victime à prévenir le dommage imminent, et l'article 1266 qui permet à la victime de demander au juge d'ordonner des mesures destinées à prévenir le dommage. Certains auteurs ont pointé le risque de confusion entre ces

deux articles[1]. Il est vrai que les avant-projets doctrinaux, à savoir les avant-projets Catala et Terré, n'avaient pas envisagé que soient consacrés, en même temps, l'incitation faite à la victime de prendre, par elle-même, des mesures préventives, et la possibilité offerte au juge d'ordonner, à la demande de la victime, des mesures préventives[2]. Le risque de véritables confusions est, toutefois, limité.

25. D'abord, il convient de constater que cette confusion, si elle existe, ne peut avoir lieu qu'en matière extracontractuelle. En effet, si, comme on l'a vu, l'article 1237 vaut aussi bien en matière contractuelle que délictuelle, tel n'est pas le cas de l'article 1266 qui circonscrit le pouvoir du juge à la seule responsabilité extracontractuelle.

26. Ensuite, même en ce domaine, la confusion n'est pas totale. En premier lieu, la victime peut être dans l'incapacité matérielle ou juridique d'empêcher seule, ou par l'intervention d'un tiers, la survenance du dommage. Dans certaines situations, en effet, seul l'auteur du dommage potentiel sera en mesure de prévenir ce dernier. Ce sera le cas, par exemple, lorsque des travaux devront être effectués sur le fonds de l'auteur du dommage potentiel, fonds auquel la victime n'a pas accès. Dès lors, faute de pouvoir intervenir elle-même, la victime sera contrainte d'agir en justice afin qu'un juge ordonne au responsable d'agir. En deuxième lieu, en l'absence d'urgence, la victime ne pourra pas agir seul sur le fondement de l'article 1237, ce texte exigeant un « dommage imminent ». Elle devra donc nécessairement s'adresser au juge, sur le fondement de l'article 1266. En dernier lieu, et au contraire, l'imminence du dommage pourra parfois contraindre la victime, si elle le peut, à agir immédiatement,

---

[1] J.-S. BORGHETTI, « L'avant-projet de réforme de la responsabilité civile. Commentaire des principales dispositions », *D.* 2016, 1442, spéc. n° 10.

[2] J.-S. BORGHETTI, « L'avant-projet de réforme de la responsabilité civile. Vue d'ensemble de l'avant-projet », *D.* 2016. 1386, spéc. n° 51. L'avant-projet Catala ne proposait de consacrer que l'équivalent de l'article 1237, tandis que, à l'inverse, l'avant-projet Terré suggérait de se contenter d'un équivalent de l'article 1266.

toute procédure en justice, même en référé, pouvant se révéler inadaptée. Dans ce cas, l'article 1237 s'imposera en fait.

27. En dehors de ces hypothèses, la victime aura effectivement une option. Concrètement, elle pourra choisir, soit d'exécuter ou de faire exécuter les mesures préventives et, en conséquence, d'avancer les fonds nécessaires, à charge pour l'auteur de les lui rembourser (article 1237), soit d'agir en justice afin de ne pas avoir à supporter, même provisoirement, le coût des mesures préventives qui seront imposées par le juge à l'auteur (art. 1266). Aussi, c'est moins la confusion qui caractérise l'articulation entre les articles 1237 et 1266 que la complémentarité, le tout au service de la fonction préventive de la responsabilité.

Quoi qu'il en soit, l'article 1266 du Code civil n'envisage pas seulement de permettre au juge de prévenir un dommage mais, plus radicalement, de faire cesser le trouble illicite susceptible de l'engendrer.

B. PERMETTRE AU JUGE DE FAIRE CESSER LE TROUBLE ILLICITE

28. La création d'une action permettant au juge, en droit substantiel, de faire cesser le trouble illicite susceptible de provoquer un dommage est, sans doute, l'élément le plus marquant de l'avant-projet de réforme, rapportée à la fonction préventive de la responsabilité. Pourtant, là encore, le pouvoir du juge de faire cesser un trouble illicite n'est pas totalement inconnu du droit positif.

29. D'une part, l'article 835 du Code de procédure civile, déjà cité, permet au juge des référé, non seulement de prévenir le « dommage imminent », mais également de faire cesser le « trouble manifestement illicite ». L'article 1266 envisage toutefois la suppression de la référence au standard du « manifeste » qui n'a de sens que dans le cadre

de la procédure de référé, le juge des référés étant un juge de l'apparence ou encore de l'évidence.

30. D'autre part, le législateur avait d'ores et déjà créé des actions spéciales, de droit substantiel, destinées à faire cesser certains troubles illicites, tel l'article 16-2 du Code civil qui énonce que « *le juge peut prescrire toutes mesures propres à empêcher ou faire cesser une atteinte illicite au corps humain ou des agissements illicites portant sur des éléments ou des produits de celui-ci, y compris après la mort* »[1]. L'article 1266 entend ainsi généraliser ce pouvoir, en droit substantiel, à tous les troubles illicites.

31. La généralisation de l'action en cessation du trouble illicite et, surtout, sa place au sein de l'avant-projet de réforme, dans un chapitre consacré à l'effet de la responsabilité, mais dans une subdivision distincte de celle de la « réparation en nature » est susceptible de permettre de mieux distinguer ces deux concepts, souvent confondus. Il a en effet été expliqué que si la cessation du trouble illicite et la réparation en nature partagent l'objectif commun de faire disparaître le dommage, la première agit en amont, directement sur la situation illicite, afin de prévenir la survenance du dommage[2]. Autrement dit, la réparation en nature est un acte correcteur, tandis que la cessation du trouble illicite est un mécanisme de prévention, censé certes éviter la réalisation du dommage, mais en agissant directement sur sa cause.

---

[1] V. aussi C. civ., art. 1252 : « Indépendamment de la réparation du préjudice écologique, le juge, saisi d'une demande en ce sens par une personne mentionnée à l'article 1248, peut prescrire les mesures raisonnables propres à prévenir ou faire cesser le dommage ».

[2] C. BLOCH, *La cessation de l'illicite. Recherche sur une fonction méconnue de la responsabilité civile*, Dalloz, 2008, *passim*. C. BLOCH, Ph. STOFFEL-MUNCK, « La cessation de l'illicite », in F. TERRÉ (dir.), *Pour une réforme de la responsabilité civile*, Dalloz, 2011, p. 87, spéc. p. 88 ; P. GILIKER, « La cessation de l'illicite », *RDC* 2019, n° 116p8, p. 284.

32. Mais, précisément, qu'est-ce qu'un « trouble illicite »[1] ? Il s'agit d'une notion à la fois plus étroite et plus large que celle de faits générateurs de responsabilité.
Plus étroite, d'abord, car tous les faits générateurs de responsabilité ne sont plus nécessairement des faits illicites. L'essor des responsabilité dites « objectives » a détaché la notion de fait générateur de la sphère de l'illicéité. Ainsi, si une activité licite cause un dommage à une personne, celle-ci pourra sans doute obtenir réparation sur le fondement de la responsabilité extracontractuelle, mais elle ne pourra pas obtenir la cessation de l'activité, celle-ci étant conforme à la loi. Plus large, ensuite, parce qu'un trouble illicite ne peut être réduit à une faute, c'est-à-dire à la violation d'une norme de conduite. La notion de trouble illicite est dépourvue de toute dimension morale. Seule compte l'existence objective d'une situation de fait contraire, *lato sensu*, à la loi. Ainsi, le destinataire de la mesure préventive n'est pas nécessairement celui à qui le trouble est imputable, mais celui qui dispose de la possibilité concrète de le faire cesser.

33. C'est là que l'on peut s'étonner, pour finir, que le juge ait été doté d'une simple faculté de faire cesser le trouble illicite. Telle n'était pas la proposition de l'avant-projet Terré qui est à l'origine de l'article 1266[2]. Les rédacteurs de cet avant-projet entendaient obliger le juge ayant constaté un trouble illicite à le faire cesser. En ne suivant pas cette proposition, le législateur n'a pas tiré toutes les conséquences de l'autonomie de l'action en cessation de l'illicite par rapport à la réparation. Si cette cessation était un mode particulier de réparation en nature, le juge devrait effectivement avoir la faculté de refuser de l'ordonner et de lui préférer l'octroi de dommages et intérêts. Mais, dès lors que l'action en cessation de l'illicite est autonome, le pouvoir d'appréciation du juge devrait disparaître devant la nécessité de rétablir la légalité de la situation litigieuse[3].

---

[1] V. C. BLOCH, Ph. STOFFEL-MUNCK, art. préc., spéc. p. 94 s.

[2] *Ibid.*, p. 98 s.

[3] M. MEKKI, « Propos introductifs », *in* M. MEKKI (dir.), *Avant-projet de réforme du droit de la responsabilité civile : l'art et la technique du compromis*, LGDJ, p. 39.

34. En définitive, si l'avant-projet de réforme de la responsabilité ne marque pas de rupture avec le droit positif, puisqu'il se contente, obligation de minimiser son préjudice mise à part, de consacrer la jurisprudence et d'élargir le domaine des actions préventives existantes, il renforce la fonction préventive de la responsabilité civile. Dans l'idéal, seuls devraient être réparés les préjudices découlant de dommages qu'il n'était pas possible de prévenir. Fonction préventive et fonction indemnitaire devraient ainsi se compléter, au service de la protection des victimes.

La réparation du dommage corporel dans le projet de la réforme de la responsabilité civile

Laetitia ANTONINI-COCHIN
Maître de conférences HDR à l'Université Côte d'azur
CERDP

1. « *La victime d'un dommage corporel n'est pas une victime comme les autres* ». Telle pourrait être le sous-titre de cette contribution. En effet, le dommage corporel n'est pas un dommage comme les autres. Il suffit pour s'en rendre compte d'en donner la définition. Le dommage corporel s'entend traditionnellement de l'atteinte subie par une personne dans son corps[1]. La spécificité de la lésion subie par la victime est évidente puisque celle-ci a été touchée dans sa chair et dans son être. La question de son appréhension juridique et de l'indemnisation de la victime est dès lors délicate. Comment en effet, le droit de la responsabilité civile peut-il se saisir de la douleur et l'évaluer afin de tenter de réparer « l'irréparable »[2] ? La réponse à cette interrogation a en réalité considérablement évolué.

2. N'ayant sans doute pas pris la mesure de la spécificité du dommage corporel, le code civil de 1804 avait fait le choix d'un traitement uniforme des dommages. Quelle que soit sa nature, matériel ou corporel, le dommage était soumis à un corps de règles uniques tant sur le plan de la mise en œuvre de la responsabilité de l'auteur que de l'indemnisation de la victime[3]. La nature de l'atteinte était indifférente comme le soulignait déjà le tribun Tarrible dans son discours au corps législatif. « *Depuis l'homicide jusqu'à la légère blessure, depuis l'incendie d'un édifice jusqu'à la rupture d'un meuble chétif, tout est soumis à la même loi, tout est déclaré susceptible d'une appréciation qui indemnisera la personne lésée des dommages quelconques qu'elle*

---

[1] Vocabulaire juridique, sous la direction de G. CORNU, Association Henri CAPITANT, p. 286.
[2] V. J.-B. PRÉVOST, *Penser la blessure*, LGDJ, 2019.
[3] Art. 1382 anc. et s du code civil.

a éprouvées »[1]. Cette unité, qui gouvernait le droit de la responsabilité civile, n'a toutefois pas résisté au temps. La matière s'est au cours du XXème siècle considérablement complexifiée et morcelée (avènement sécurité sociale, essor des régimes spéciaux et développement de l'assurance privée). Dans ce contexte, il est devenu évident que le dommage corporel ne pouvait plus être appréhendé de la même façon que le dommage matériel et qu'il devait bénéficier d'un traitement juridique spécifique. Il est dès lors devenu l'objet de toutes les attentions tant de la doctrine que du législateur[2]. La question de sa réparation a été abordée dans les différents projets de réforme de la responsabilité civile, qu'il s'agisse de l'avant-projet Catala de 2005[3], de l'avant-projet Terré de 2011[4] et enfin de l'avant-projet du 26 avril 2016, soumis à consultation publique, qui a finalement donné naissance au projet de réforme présenté par la Chancellerie le 13 mars 2017[5].

3. À l'instar des précédents projets, ce dernier texte marque une rupture nette avec le code civil originel et le modèle classique de la responsabilité civile. Il se prononce ainsi ouvertement en faveur d'une hiérarchie des intérêts protégés et entend bien placer au sommet de celle-ci, les intérêts des victimes d'une atteinte à l'intégrité physique[6]. Ses objectifs sont clairement définis : améliorer et privilégier l'indemnisation des victimes de dommages corporels. Pour se faire, un véritable droit du dommage corporel est proposé, destiné non seulement

---

[1] Discours cité par J. KNESTCH, Le traitement préférentiel du dommage corporel, *JCP G*, supplément au n°30-35, 25 juillet 2019, pp. 9-14, spéc. p. 10.
[2] V. notamment Rapport du groupe de travail présidé par Yvonne LAMBERT-FAIVRE relatif à l'indemnisation du dommage corporel, CNAV, oct. 2003, Ministère de la justice, 101p.
[3] P. CATALA, *Avant-projet de réforme du droit des obligations et du droit de la prescription*, Doc. Fr. 2005, p. 161 et s.
[4] F. TERRÉ, « Pour une réforme du droit de la responsabilité civile », 2011, Dalloz, Thèmes et commentaires.
[5] V. S. GARNIER, « Des évolutions nécessaires en matière de dommage corporel : à propos du projet de réforme de la responsabilité civile », *LPA* 2018, n° 27, p. 5 et s.
[6] Sur la hiérarchie des intérêts, cf. J.-S. BORGHETTI, « Les intérêts protégés et l'étendue des préjudices réparables en droit de la responsabilité extracontractuelle », *in Études offertes à Geneviève VINEY*, LGDJ, 2008, p. 145 et s., spéc. 166 et s.

à faciliter la mise en œuvre de la réparation (I) mais également à rationnaliser la réparation et l'évaluation du dommage (II).

I. Une réparation du dommage corporel facilitée

Pour faciliter la réparation du dommage corporel, le projet de réforme de la responsabilité civile innove et opère un changement important de paradigme. En effet, la Chancellerie opte pour une décontractualisation de principe de la réparation du dommage corporel (A) et fait le choix assumé d'un traitement égalitaire et privilégié des victimes (B).

A. UNE DÉCONTRACTUALISATION DE PRINCIPE DE LA RÉPARATION

4. En sortant le dommage corporel de la sphère contractuelle, la réforme marque une rupture nette avec le code civil et la jurisprudence actuelle où les deux fondements de responsabilité (délictuel ou contractuel) sont envisagés. Faut-il le rappeler brièvement, le dommage corporel peut être aujourd'hui réparé sur le terrain contractuel, lorsqu'il est causé à l'occasion d'un contrat, en présence d'une obligation de sécurité (principale ou accessoire, de moyens ou de résultat[1]) ou, en l'absence de contrat, sur le terrain délictuel sur différents fondements textuels, (art. 1240 et s. responsabilité du fait personnel, responsabilité du fait des choses, responsabilité du fait d'autrui ou encore sur la base de régimes spéciaux, L. 5 juillet 1985) emportant alors parfois un traitement inégalitaire entre les victimes[2]. C'est donc cette dualité traditionnelle de régime d'indemnisation du dommage corporel que la chancellerie entend remettre en cause au profit de la responsabilité extracontractuelle.

---

[1] Cf. sur l'obligation contractuelle de sécurité, P. BRUN, *Responsabilité civile extracontractuelle*, LexisNexis, 4e éd., n° 123 et s.

[2] Ainsi en présence d'une obligation de sécurité de moyens, la victime devra à sa qualité de créancier contractuel un traitement moins favorable que celui dont bénéficierait un tiers, dans les mêmes circonstances, susceptible d'invoquer une responsabilité objective (art. 1242 al. 1 c. civ.).

5. La solution retenue dans le projet de réforme n'est cependant pas inédite. Non seulement, elle était déjà vivement souhaitée par le doyen Jean Carbonnier dont la formule est désormais bien connue « *Ce que l'on appelle responsabilité contractuelle devait être conçu comme quelque chose de très limité : l'obligation de procurer au créancier l'équivalent de l'intérêt (pécuniaire) qu'il attendait du contrat : c'est artifice que de faire entrer (au sein du contrat) des bras cassés et des morts d'hommes, les tragédies sont de la compétence des articles 1382 et s (du code civil)* ». Mais l'exclusion de la responsabilité contractuelle avait également été envisagée dans l'avant- projet Terré et plus récemment reprise par l'avant-projet de réforme de la responsabilité civile d'avril 2016. Dans ce dernier, il était clairement affirmé que le dommage corporel relève de la seule responsabilité extracontractuelle. L'article 1233 prévoyait alors que « *Le dommage corporel est réparé sur le fondement des règles de la responsabilité extracontractuelle, alors même qu'il serait causé à l'occasion de l'exécution du contrat.* » Toutefois, cette décontractualisation systématique avait pu être jugée trop radicale voire contreproductive pour la doctrine empêchant ainsi les victimes de se prévaloir du contrat dans des hypothèses qui leur seraient plus favorables[1].

6. Sensible à ces critiques, la chancellerie a certes confirmé dans le projet de 2017 le choix d'une décontractualisation de la réparation du dommage corporel mais une décontractualisation de principe. L'article 1233-1 du projet dispose en effet que « *Les préjudices résultant d'un dommage corporel sont réparés sur le fondement des règles de la responsabilité extracontractuelle, alors même qu'ils seraient causés à l'occasion de l'exécution du contrat.*
Toutefois, la victime peut invoquer les stipulations expresses du contrat qui lui sont plus favorables que l'application des règles de la responsabilité extracontractuelle ». En définitive, le gouvernement maintient une priorité de fondement et il faut s'en féliciter. La

[1] V. J. KNETSCH, « Le traitement préférentiel du dommage corporel », *JCP G,* supplément au n°30-35, 25 juillet 2019, p.p. 9-14.

réparation du dommage corporel relèvera de la compétence de principe de la responsabilité extracontractuelle qui constitue le droit commun de la responsabilité civile. Cependant, dans un souci de protection des victimes, le texte, dans son alinéa 2, ménage une option au créancier contractuel victime afin de mobiliser des règles plus favorables[1]. Il faut néanmoins admettre qu'une telle option risque d'avoir une portée pratique très limitée voire illusoire puisqu'elle est strictement limitée aux stipulations expresses du contrat. Or rares sont les contrats qui prévoient expressément à la charge du débiteur une obligation de protéger l'intégrité physique du créancier. Comme le fait remarquer un auteur, conformément au principe de l'autonomie de la volonté, « *il appartient aux parties de faire entrer, ou non, dans le champ contractuel, l'intégrité physique, en fonction du degré de sécurité qu'elles peuvent légitiment attendre lors de la conclusion du contrat et de définir l'intensité de l'obligation de sécurité consentie* (obligations de résultat ou obligations moyens) »[2]. Autant d'inconnus qui risquent de limiter l'option à une peau de chagrin et de favoriser sans aucun doute le fondement extracontractuel.

Sortir ainsi par principe le dommage corporel de la sphère contractuelle est un choix qui ne peut être qu'approuvé. Il participe ainsi à la volonté d'offrir aux victimes un traitement égalitaire et privilégié.

---

[1] Une option avait déjà été envisagée dans l'avant-projet Catala mais il était prévu, à l'inverse pour le créancier contractuel le recours à la responsabilité civile délictuelle si celle-ci était plus favorable.

[2] V. S. GARNIER, *art. préc.*

B. UN TRAITEMENT ÉGALITAIRE ET PRIVILÉGIÉ DES VICTIMES

L'objectif de la réforme ne fait aucun doute : assurer aux victimes de dommages corporels un traitement spécifique qui soit à la fois égalitaire (1) et privilégié (2).

1) Un traitement égalitaire

7. Attribuer à la responsabilité extracontractuelle une compétence de principe en matière de préjudice corporel n'est pas un choix anodin. Il n'est pas sans conséquences pour les victimes de dommages corporels puisqu'elles seront désormais placées sur un pied d'égalité. En effet, le sort des contractants victimes de dommages corporels ne dépendra plus de « *la mise en œuvre chaotique* », pour reprendre l'expression du professeur Mazeaud, de la distinction entre obligations de sécurité de résultat et obligations de sécurité de moyens[1]. Plus spécialement, la victime créancière d'une obligation de moyens ne sera plus soumise aux affres de la responsabilité pour faute alors qu'un tiers pourrait bénéficier d'un régime de responsabilité sans faute (responsabilité du fait des choses, par exemple). Il est en effet légitime que les victimes d'un même type de dommage, spécialement lorsqu'il relève de la dignité humaine, bénéficient d'un régime non seulement identique mais également privilégié.

2) Un traitement privilégié

8. Le projet a en effet posé un certain nombre de règles spécifiques au dommage corporel destinées à faciliter la réparation des victimes. Tout d'abord, le texte prohibe les clauses limitatives ou exclusives de responsabilité en cas de dommage corporel. Aux termes de l'article

---

[1] D. MAZEAUD, « Réflexions sur le projet de réforme de la responsabilité civile du 13 mars 2017 », *Études à la mémoire du P. NEAU-LEDUC*, LGDJ, 2018, pp. 711-726, spéc. p. 719.

1281 « *Les clauses ayant pour objet ou pour effet d'exclure ou de limiter la responsabilité sont en principe valables, aussi bien en matière contractuelle qu'extracontractuelle, Toutefois, la responsabilité ne peut être limitée ou exclue par contrat en cas de dommage corporel* ». La Chancellerie a donc fait le choix d'une prohibition pure et simple de telles stipulations pour garantir le droit à indemnisation de la victime.

9. Le projet déroge en outre expressément aux règles classiques d'exonération du défendeur. Ainsi si de manière générale, la faute, même simple de la victime, exonère partiellement le défendeur, seule une faute lourde pourrait produire un tel effet en cas de dommage corporel (art. 1254). Cette solution, déjà présente dans l'avant-projet Catala et dans l'avant-projet de 2016, répond ainsi à certains auteurs qui mettaient en avant « *l'injustice qu'il y a à sanctionner des victimes déjà affligées par le dommage souffert et souvent lourdement frappées dans leur chair, alors que le responsable assuré ne supportera pas les conséquences de ses fautes* »[1]. Si le souhait de la Chancellerie se comprend aisément, favoriser l'indemnisation, on peut toutefois s'interroger sur le choix de la faute lourde comme cause d'exonération partielle. En effet, que faut-il entendre par faute lourde dans ce cas précis ? Opter pour une faute qualifiée et rehausser ainsi le seuil de gravité est-il vraiment pertinent ? Ne fallait-il pas aller jusqu'au bout de la logique réparatrice et considérer, à l'instar d'une partie de la doctrine[2], que la faute de la victime ne devrait jamais être une cause d'exonération partielle en cas de dommage corporel. Seule une faute présentant les caractères de la force majeure devrait être admise comme cause d'exonération totale.

10. Une autre règle favorable aux victimes est ensuite proposée : l'admission d'une causalité collective en présence d'un dommage corporel causé par un membre indéterminé d'un groupe. L'article 1240

---

[1] V. S. GARNIER, *art. préc.*, spéc. p. 10.
[2] M. MEKKI, « Le projet de réforme du droit de la responsabilité civile : maintenir, renforcer et enrichir les fonctions de la responsabilité civile », *Gaz. Pal.* 14 juin 2016, p. 17 et s.

du projet prévoit ainsi que « *Lorsqu'un dommage corporel est causé par une personne indéterminée parmi des personnes identifiées agissant de concert ou exerçant une activité similaire, chacune en répond pour le tout, sauf à démontrer qu'elle ne peut l'avoir causé. Les responsables contribuent alors entre eux à proportion de la probabilité que chacun ait causé le dommage* ». Le recours à la causalité collective n'est certes pas nouveau. Ce concept est effectivement parfois utilisé en jurisprudence lorsqu'un dommage a été causé par un membre indéterminé d'un groupe de personnes identifiées. Tel est le cas par exemple dans le cadre de la responsabilité du fait des choses en présence d'une garde commune (accident de chasse, gerbe de plomb et tireur indéterminé). Consacrer expressément une telle règle en matière de dommage corporel permet une nouvelle fois de favoriser les victimes de dommages corporels qui pourront ainsi bénéficier de plusieurs débiteurs pour satisfaire leur droit à indemnisation.

11. Enfin, une dernière faveur faite aux victimes de dommages corporels mérite d'être citée. Ces dernières ne sont pas dans l'obligation de minimiser leur dommage alors que le projet de réforme consacre une telle obligation pour les autres types de dommages. Conformément à l'article 1263, « *Sauf en cas de dommage corporel, les dommages et intérêts sont réduits lorsque la victime n'a pas pris les mesures sûres et raisonnables, notamment au regard de ses facultés contributives, propres à éviter l'aggravation de son préjudice* ». Une nouvelle fois, l'intention est claire, il s'agit de ne pas réduire le droit à réparation de la victime.

Force est de constater qu'en sortant le dommage corporel de la sphère contractuelle et en garantissant aux victimes un traitement privilégié, la réforme de la responsabilité civile entend faciliter la mise en œuvre de la réparation de la victime. Ce n'est toutefois pas son seul objectif. Elle cherche également à rationnaliser la réparation et plus précisément l'évaluation de ce dommage très spécifique.

II. Une réparation du dommage corporel rationnalisée

12. « *Réparer tout le préjudice, rien que le préjudice* ». Cette formule, bien connue des juristes, traduit parfaitement le sacro-saint principe de réparation intégrale qui commande le droit commun de la responsabilité civile. Pour autant, elle reste particulièrement difficile à mettre en application en présence d'un dommage corporel. En effet, la particularité de l'atteinte subie par la victime et la multiplicité des préjudices qui en découlent (patrimoniaux et spécialement extrapatrimoniaux) compliquent inévitablement la réparation. Aussi, pour assurer une réelle effectivité du principe de réparation intégrale consacré dans son article 1258[1], le projet cherche-t-il à améliorer et à unifier les méthodes d'évaluation des préjudices résultant d'un dommage corporel en introduisant dans le code civil un corpus de règles spécifiques de réparation (art. 1267 et s.). Ces règles ont d'ailleurs vocation à s'appliquer aux décisions judiciaires et administratives ainsi qu'aux transactions conclues entre la victime et le débiteur de l'indemnisation et sont dotées d'un caractère impératif (art. 1267-1).

Plus particulièrement, par ses nouvelles dispositions, la réforme officialise et légalise le recours à une nomenclature pour identifier des préjudices réparables (A) et favorise l'harmonisation des outils de chiffrage (B).

A. UNE OFFICIALISATION D'UNE NOMENCLATURE DES PRÉJUDICES RÉPARABLES

13. Les préjudices résultant du dommage corporel sont très souvent multiples. Il suffit pour le comprendre de donner un exemple : celui d'une jeune femme ayant perdu un bras à la suite d'un accident. L'atteinte corporelle subie peut alors générer différents préjudices : non

---

[1] Art. 1258 : « La réparation a pour objet de replacer la victime autant qu'il est possible dans la situation où elle se serait trouvée si le fait dommageable n'avait pas eu lieu. Il ne doit en résulter pour elle ni perte ni profit. ».

seulement des préjudices patrimoniaux (dépenses de santé, perte de gains…) mais également différents préjudices moraux : *pretium doloris* (souffrances endurées), préjudice esthétique, préjudice d'agrément (pratique de la moto en compétition ou gymnastique) … Or, comment indemniser chacun de ces préjudices tout en respectant le principe de la réparation intégrale ? Telle est en réalité toute la difficulté de la matière. Une solution est alors bien connue : recourir à une nomenclature des chefs de préjudices réparables. Ainsi, la nomenclature dite Dintilhac, élaborée en 2005, à la suite du groupe de travail présidée par J.-P. Dintilhac, est aujourd'hui utilisée par les praticiens du dommage corporel[1]. Elle dresse en effet la liste des différents postes de préjudices réparables en fonction de la nature du préjudice (patrimonial, extrapatrimonial) et de la qualité de la victime (principale, par ricochet). Celle-ci n'a toutefois qu'une valeur indicative.

14. C'est donc cette méthodologie que le projet de réforme souhaite légaliser. L'article 1269 prévoit ainsi que « *Les préjudices patrimoniaux et extrapatrimoniaux résultant d'un dommage corporel sont déterminés, poste par poste, suivant une nomenclature non limitative des postes de préjudices fixée par décret en Conseil d'État* ». Afin d'améliorer l'indemnisation des victimes, la Chancellerie se prononce expressément pour l'adoption d'une nomenclature légale non limitative des préjudices résultant du dommage corporel. Soutenu par la majorité de la doctrine mais aussi par les praticiens, un tel choix n'est pas surprenant. Il avait été évoqué à plusieurs reprises par le gouvernement dès 2014 et repris notamment dans l'avant-projet de 2016. Il y a d'ailleurs peu de doutes sur la teneur de cette future nomenclature légale. Il y a de fortes probabilités pour que la nomenclature *Dintilhac* soit prise comme référent et soit dès lors dotée de la portée normative. Consensuelle, celle-ci a le mérite de l'expérience et a déjà fait ses preuves.

---

[1] J.-P. DINTILHAC, *Rapport du groupe de travail chargé d'élaborer une nomenclature des préjudices corporels*, min. justice, mars 2006.

15. Officialiser le recours à une nomenclature ne peut donc être qu'approuvé. Identifier légalement les postes de préjudices réparables présente des avantages indéniables. Tout d'abord, l'adoption d'une nomenclature unique permet sans aucun doute d'assurer l'égalité de traitement entre les victimes en offrant ainsi aux différents acteurs du dommage corporel (experts, avocats, magistrats judiciaires et administratifs, assureurs) un outil méthodologique commun et fiable. En outre, la nomenclature constitue l'instrument indispensable pour garantir l'effectivité et le respect du principe de la réparation intégrale. En effet, seul le recours à cet outil permet de déterminer si toutes les facettes du dommage corporel ont bien été prises en compte (spécialement les préjudices moraux) ou si à l'inverse, certaines ne sont pas indemnisées deux fois. La nomenclature est un double mérite, « *elle permet non seulement un recensement des préjudices induits du dommage corporel mais (elle) également donne les clefs de distinction entre ces différents postes de nature à éviter le recoupement* »[1]. Cependant, comme le précise le projet, cette liste légale de postes de préjudices réparables n'est pas limitative. Elle ne doit pas s'analyser comme un carcan. La possibilité d'obtenir réparation d'un poste de préjudice hors nomenclature est donc toujours envisageable et ce dans l'intérêt de la victime. Enfin, l'officialisation d'une telle nomenclature a une vertu pédagogique indéniable. Elle participe à une meilleure compréhension du contenu de l'indemnisation par les acteurs et particulièrement par la victime elle-même.

Identifier et lister avec précision les préjudices réparables résultant du dommage corporel n'est toutefois pas la seule mesure destinée à rationaliser l'indemnisation des victimes. Une fois le préjudice identifié, encore faut-il l'évaluer au mieux. Pour cela, la réforme vise à harmoniser les instruments de chiffrage.

---

[1] M. BACACHE, « La nomenclature : une norme ? » *in* Actes du colloque « Autour de la nomenclature des préjudices corporels », *Gaz. Pal.* 24-27 déc. 2014, p. 7 et s., spéc. p. 10.

B. UNE HARMONISATION DES INSTRUMENTS DE CHIFFRAGE DES PRÉJUDICES RÉPARABLES

16. Chiffrer les préjudices résultant du dommage corporel, particulièrement les préjudices moraux, reste sans aucun doute l'opération la plus délicate pour les praticiens et celle qui peut générer des inégalités entre les victimes. Aussi, dans un souci d'égalité de traitement, la réforme souhaite-t-elle harmoniser les pratiques et octroyer aux acteurs différents des instruments d'évaluation et chiffrage unifiés.

17. En premier lieu, le projet de réforme consacre le recours à un barème médical unique et indicatif pour mesurer le déficit fonctionnel après consolidation (DFP). L'article 1270 du projet dispose que « *Sauf disposition particulière, le déficit fonctionnel après consolidation est mesuré selon un barème médical unique, indicatif, dont les modalités d'élaboration, de révision et de publication sont déterminées par voie règlementaire* ». Le déficit fonctionnel après consolidation ou « DFP », se définit, depuis un arrêt de principe de la Cour de cassation du 28 mai 2009, comme le préjudice comprenant « *les atteintes aux fonctions physiologiques, la perte de la qualité de vie et les troubles ressentis par la victime dans ses conditions d'existence personnelles, familiales et sociales* ». Actuellement, le recours à un barème médical est fait systématiquement pour évaluer la composante physiologique du déficit fonctionnel : à savoir le taux d'atteinte permanente à l'intégrité physique et psychique (APIPP). Toutefois, le médecin expert peut utiliser le barème de son choix (sécurité sociale, concours médical ou société de médecine légale) occasionnant alors un risque de variation importante pour la victime selon le barème retenu. Favoriser le recours à un barème unique, harmonisé et indicatif ne peut donc qu'emporter l'adhésion.

18. En second lieu, le texte consacre la mise en place d'un référentiel indicatif pour l'indemnisation des préjudices extrapatrimoniaux. L'article 1271 dispose ainsi qu'« *Un décret en Conseil d'État fixe les postes de préjudices extrapatrimoniaux qui peuvent être évalués selon un référentiel indicatif d'indemnisation, dont il détermine les modalités d'élaboration et de publication* ». Ce référentiel doit être réévalué tous les trois ans en fonction de l'évolution de la moyenne des indemnités accordées par les juridictions. À cette fin, l'alinéa 2 du texte prévoit d'ailleurs l'établissement d'une base de données rassemblant les décisions définitives rendues par les cours d'appel en matière d'indemnisation du dommage corporel des victimes d'un accident de la circulation. Reprenant une nouvelle fois une solution déjà préconisée dans différents projets antérieurs (notamment l'avant-projet Terré), la chancellerie préconise pour certains chefs de préjudices extrapatrimoniaux, qui devront être identifiés par décret, une indemnisation forfaitaire sous forme de « fourchettes d'indemnisation ». Serait affectée une valeur en argent à un pourcentage d'atteinte ou un degré de gravité. Une telle démarche n'est pas inédite puisque différents référentiels existent déjà. Ainsi par exemple, le référentiel *Oniam* (office national d'indemnisation des accidents médicaux) propose pour indemniser les souffrances endurées et le préjudice esthétique des fourchettes variables en fonction du degré de gravité. Plus précisément, si le préjudice est qualifié de « très léger », la fourchette retenue est alors de 811 à 1 098 euros avec une moyenne de 955 euros, s'il est modéré, la fourchette est 3 076-4 162 euros avec une moyenne de 3 619 euros et enfin s'il est très important, la fourchette est de 32 453-43 907 euros avec une moyenne de 38 180 euros.

19. Le choix d'un référentiel ne fait toutefois pas l'unanimité en doctrine. Il suscite la crainte de certains auteurs car il affecterait inévitablement la liberté du juge quant à l'évaluation du montant de la réparation et par ricochet le principe de réparation intégrale[1]. Recourir

---

[1] S. PORCHY-SIMON, « Les règles particulières à la réparation des préjudices résultant d'un dommage corporel », *JCP G*, supplément au n°30-35, 25 juillet 2019, pp. 54-60.

à un référentiel priverait le magistrat de sa faculté d'individualisation de la réparation au profit d'une mécanisation de celle-ci. Le juge serait dès lors placé dans une situation de dépendance par rapport au pouvoir réglementaire, voire « *en liberté surveillée* » pour reprendre l'expression du Professeur Mazeaud. Mais, en réalité, de telles craintes sont-elles réellement fondées ? N'est-ce pas trop exagérer la portée d'un tel référentiel [1]? A la différence de la barémisation impérative, le référentiel n'est qu'un instrument d'aide à la décision qui n'a qu'une valeur indicative. Le juge conserve son pouvoir d'évaluation *in concreto* du préjudice[2]. En outre, cet outil statistique n'est pas immuable puisqu'il a vocation, comme le précise le projet, à être actualisé grâce à une base de données constituée à partir de décisions rendues par les cours d'appel en matière d'indemnisation du dommage corporel des victimes d'un accident de la circulation. On pourrait d'ailleurs imaginer à l'heure de l'open data et de la prolifération des bases de données à d'autres sources d'alimentation du référentiel, (montants des transactions par ex…)[3]. Enfin, le recours à référentiel rend compte de la spécificité de l'évaluation du préjudice moral. Rappelons-le, en présence d'un tel préjudice, il n'est possible de replacer la victime dans la situation où elle se serait trouvée si l'acte dommageable n'avait pas eu lieu. L'indemnisation n'est en réalité qu'une simple satisfaction de remplacement. Il s'agit essentiellement d'une peine privée pour le responsable.

20. Aussi guider et aider le juge dans son travail d'évaluation des préjudices extrapatrimoniaux résultant d'un dommage corporel ne peut être que positif car cela garantit à la fois le principe de la réparation intégrale et l'égalité de traitement des victimes. Cette démarche n'est

---

[1] V. C. COUSIN, Le débat sur le référentiel indicatif de l'indemnisation du préjudice corporel des cours d'appel à l'heure des bases de données, *JCP G* 2017, n°17, doctrine 483.

[2] En revanche, le référentiel peut certes avoir une valeur plus importante en présence de transaction.

[3] Cf. Décret n° 2020-356 du 27 mars 2020, JO du 29 mars. Ce texte autorise la mise en place d'un algorithme *Datajust* recensant les montants d'indemnisation des préjudices corporels dans les décisions de justice (judiciaire et administrative).

d'ailleurs pas propre au droit français. De nombreux pays européens recourent à des référentiels qu'ils soient officiels (Royaume-Uni et Portugal) ou officieux (Allemagne pour le *pretium doloris*, Irlande, Belgique et Pays-Bas). Certains prévoient même un référentiel obligatoire (Suède, Espagne et Italie seulement pour les accidents de la circulation). La France n'échappe donc pas à la règle en retenant dans le projet de réforme une solution moyenne : un référentiel officiel indicatif. Elle s'inscrit ainsi dans un courant européen qui souhaite proposer aux acteurs de l'indemnisation du préjudice corporel des référentiels[1].

21. Tel qu'il est rédigé, le projet de réforme de la responsabilité civile porte donc incontestablement certaines avancées en matière de réparation du dommage corporel. Les victimes pourront ainsi bénéficier non seulement d'une réparation facilitée (par la décontractualisation de principe de la matière et un traitement privilégié dérogatoire) mais aussi d'une réparation rationnalisée grâce à l'harmonisation des méthodes d'évaluation. En s'efforçant d'établir un véritable « droit commun du dommage corporel », le projet répond parfaitement à l'impératif d'égalité entre les victimes et à l'exigence fondamentale de protection de leur intégrité physique. Comme il est coutume de dire en France, « *la fin justifie les moyens* ».

---

[1] Cf. dans ce sens, Recommandation édictée par l'Académie de droit européen à l'issue du congrès de Trèves du 8 et 9 juin 2000 préconisant aux instances européennes l'adoption d'une directive retenant un barème d'indemnisation. Cf. sur ce point H. GROUTEL, « La rationalisation de l'appréciation médico-légale des préjudices non économiques », *RCA* sept. 2000 p. 3.

L’amende civile dans le projet de réforme de la responsabilité civile

Gaël CHANTEPIE
Professeur à l’université de Lille
CRDP (ULR 4487), équipe Demogue

Projet, art. 1266-1 : « En matière extracontractuelle, lorsque l’auteur du dommage a délibérément commis une faute en vue d’obtenir un gain ou une économie, le juge peut le condamner, à la demande de la victime ou du ministère public et par une décision spécialement motivée, au paiement d’une amende civile.
Cette amende est proportionnée à la gravité de la faute commise, aux facultés contributives de l’auteur et aux profits qu’il en aura retirés.
L’amende ne peut être supérieure au décuple du montant du profit réalisé.
Si le responsable est une personne morale, l’amende peut être portée à 5 % du montant du chiffre d’affaires hors taxes le plus élevé réalisé en France au cours d’un des exercices clos depuis l’exercice précédant celui au cours duquel la faute a été commise.
Cette amende est affectée au financement d’un fonds d’indemnisation en lien avec la nature du dommage subi ou, à défaut, au Trésor public.
Elle n’est pas assurable. »

1. L’évolution de la responsabilité civile a conduit à accentuer sa dimension indemnitaire, visant à offrir à la victime une compensation adéquate pour réparer les dommages subis. Prolongeant cette finalité, des mécanismes de garantie furent développés, indépendants de l’identification d’un responsable ou de la mise en œuvre de la responsabilité civile.

2. La dimension normative de la responsabilité n'a pourtant jamais disparu[1]. D'abord, la persistance de la responsabilité individuelle pour faute préserve une police des comportements, puisqu'il faut bien apprécier le manquement à une norme légale ou à un devoir général de prudence ou de diligence[2]. Ensuite, même dans les hypothèses de responsabilité sans faute, les techniques assurantielles doivent conduire à répercuter le coût des dommages sur les assurés les moins diligents.

3. Néanmoins, de nombreux auteurs entendent redonner à la responsabilité civile une fonction normative ou punitive[3], plus affirmée[4]. En matière contractuelle, l'incitation à exécuter correctement ses engagements existe déjà sous la forme d'une clause pénale. En prévoyant le versement d'une somme d'argent forfaitaire, indépendante du dommage effectivement subi par le créancier, la clause pénale revêt a priori une dimension punitive[5]. La faculté de révision offerte au juge et la réécriture des textes par l'ordonnance du 10 février 2016 ont cependant amoindri cette dimension, la clause pénale s'apparentant plus, en dépit de son appellation, à un forfait conventionnel d'indemnisation[6]. Ce n'est donc pas en matière contractuelle que la dimension punitive de la responsabilité civile serait transformée par le projet de réforme, lequel ne modifierait pas le régime de la clause pénale[7], et n'y étendrait pas l'application d'une des nouveautés les plus remarquées, l'amende civile.

---

[1] V. not., G. VINEY, *Introduction à la responsabilité*, 3e éd., LGDJ, 2008, n° 39 s.
[2] Rappr., Projet de réforme de la responsabilité civile, 13 mars 2017, art. 1242.
[3] Certains auteurs parlent aussi de fonction de « rétribution » (Ph. le TOURNEAU (dir.), *Droit de la responsabilité et des contrats*, 11e éd., Dalloz, coll. « Dalloz Action », 2017, n° 010.12).
[4] V. spécialement, S. CARVAL, *La responsabilité civile dans sa fonction de peine privée*, LGDJ, 1995.
[5] C. civ., art. 1231-5.
[6] Sur cette idée, v. G. CHANTEPIE, M. LATINA, *Le nouveau droit des obligations. Commentaire théorique et pratique dans l'ordre du Code civil*, 2e éd., Dalloz, 2018, n° 687.
[7] Projet de réforme de la responsabilité civile, 13 mars 2017, art. 1284. Il faut cependant relever que le premier alinéa du texte substituerait le terme « pénalité » à celui de « somme » utilisé par l'art. 1231-5, à deux reprises (« Lorsque le contrat stipule que celui qui manquera de l'exécuter paiera une certaine *pénalité* à titre de

4. La fonction punitive se retrouverait ainsi, surtout, dans la sanction d'une faute lucrative par une amende civile. Véritable « mécanisme "para-pénal" »[1], l'amende civile permettrait de sanctionner plus efficacement des comportements opportunistes, sans déroger à la règle de la réparation intégrale du préjudice. C'est au prix d'un certain paradoxe que le droit contemporain rehausserait la place de la fonction punitive dans la responsabilité, alors que l'histoire de la responsabilité civile était liée à une dissociation plus nette des deux fonctions, entre droit civil et droit pénal[2]. On retrouve l'ambition contemporaine, souvent affirmée, d'une dépénalisation des relations économiques[3], tout en maintenant une sanction dissuasive. Les rédacteurs du projet rechercheraient « le droit pénal sans les contraintes du droit pénal »[4], ce dont témoignent les deux termes accolés, amende, issu du droit pénal, et civile, visant à en transformer la nature juridique.

5. En admettant que l'action en responsabilité civile serve des finalités indemnitaire et punitive, sinon que soient dissociées deux actions[5], il deviendrait possible de lutter efficacement contre certains comportements opportunistes. Le législateur vise en effet la sanction de fautes lucratives[6]. « La faute lucrative est le résultat d'un calcul

réparation, il ne peut être alloué à l'autre partie une *pénalité* plus forte ni moindre »). Les rédacteurs entendent ainsi réaffirmer la dimension punitive de la clause pénale.

[1] F. ROUSSEAU, « L'amende civile face aux principes directeurs du droit pénal », *JCP G* 2018, 686.

[2] Sur cette évolution, v. G. VINEY, *op. cit.*, n° 68 s.

[3] Par ex., le rapport « La dépénalisation de la vie des affaires », sous la direction de J.-M. COULON, remis au Garde des sceaux en janvier 2008.

[4] C. BLOCH, « Montant de l'évaluation de la réparation et détermination de la quotité », in Ph. le TOURNEAU (dir.), *Droit de la responsabilité et des contrats*, *op. cit.*, n° 2321.91.

[5] Sur cette idée, v. C. GRARE, *Recherches sur la cohérence de la responsabilité délictuelle. L'influence des fondements de la responsabilité sur la réparation*, Dalloz, 2005, spéc. n° 362 s.

[6] Sur lesquelles, v. not., R. MESA, « La consécration d'une responsabilité civile punitive : une solution au problème des fautes lucratives ? », *Gaz. Pal.* 21 nov. 2009, p. 15. V. aussi, du même auteur, *Les fautes lucratives en droit privé*, thèse univ. Littoral, 2006, dactyl. ; N. FOURNIER DE CROUY, *La faute lucrative*, Economica, 2018.

économique, d'un calcul coût/profit »[1], afin que sa commission rapporte plus à son auteur qu'une éventuelle indemnisation de la victime.

6. Les illustrations actuelles sont nombreuses, tant en droit de la concurrence, qu'en droit de la propriété intellectuelle[2], en droit de la presse ou en droit de l'urbanisme. Mais les hypothèses pourraient couvrir, par exemple, la violation de nombreuses règles de protection du consommateur, par exemple le manquement volontaire à une obligation d'information par le professionnel. Pour dissuader l'auteur de commettre une telle faute, il faut envisager un calcul économique destiné à le priver de son gain. La seule indemnisation du préjudice, souvent minime pris individuellement, ne suffisant pas, il est tentant de permettre au juge de fixer les dommages et intérêts à un montant supérieur. Une telle mesure peut prendre plusieurs formes, dommages et intérêts punitifs ou restitutoires. Ces techniques ont en commun leur contrariété avec le principe de la réparation intégrale du dommage, puisqu'elles conduisent à octroyer à la victime une somme supérieure au dommage réellement subi.

7. C'est la raison pour laquelle les rédacteurs du projet ont choisi une voie différente, celle de l'amende civile, dont l'ambition est d'accroître la finalité punitive sans que la situation de la victime soit modifiée. L'amende civile permet en effet le versement d'une somme d'argent au Trésor public ou, dans le projet de réforme, à un fonds d'indemnisation en lien avec le dommage subi. En somme, ce ne serait plus la victime qui s'enrichirait, mais un organisme d'intérêt général ou l'État. La technique de l'amende civile est connue en droit français, notamment pour sanctionner les procédures judiciaires abusives[3] ou des pratiques restrictives de concurrence[4]. Dans ces deux hypothèses, sa finalité dissuasive est clairement assumée afin d'éviter des actions dilatoires ou

[1] M.-A. CHARDEAUX, « L'amende civile », *LPA* 30 janv. 2018, p. 6.
[2] Ce qui explique le mécanisme des art. L. 716-14 ou L. 331-1-3 C. propr. intell.
[3] C. proc. civ., art. 32-1.
[4] C. com., art. L. 442-4.

de lutter contre les pressions économiques trop fortes dans le secteur de la distribution. Dans le projet de réforme, le prononcé de l'amende civile verrait son domaine limité à la responsabilité extracontractuelle, ce qui peut s'expliquer par la faculté de stipuler une clause pénale en matière contractuelle, même si les deux mécanismes ne se recoupent pas totalement.

8. La principale interrogation, qui explique en partie le changement de rédaction entre les deux versions du projet[1], réside dans la constitutionnalité du mécanisme. C'est que la volonté de dissuader la commission de fautes lucratives passe par une sanction pécuniaire significative, dont la légalité est discutable. Le respect de conditions de validité tirées de la nature pénale du mécanisme (I) conditionne son efficacité au sein de la responsabilité civile (II).

I. La validité de l'amende civile

9. Limitée dans ses applications en droit positif, l'amende civile n'en a pas moins déjà suscité de vifs débats. Sa validité a ainsi été contestée au regard des exigences du droit répressif. Il importe peu, en effet, que cette sanction relève du droit civil ou du droit des affaires, plutôt que du droit pénal *stricto sensu*. Il est constant que les principes directeurs du droit répressif sont applicables à « toute sanction ayant le caractère

---

[1] Projet de réforme de la responsabilité, 29 avr. 2016, art. 1266 : « Lorsque l'auteur du dommage a délibérément commis une faute lourde, notamment lorsque celle-ci a généré un gain ou une économie pour son auteur, le juge peut le condamner, par une décision spécialement motivée, au paiement d'une amende civile. Cette amende est proportionnée à la gravité de la faute commise, aux facultés contributives de l'auteur ou aux profits qu'il en aura retirés. L'amende ne peut être supérieure à 2 millions d'euros. Toutefois, elle peut atteindre le décuple du montant du profit ou de l'économie réalisés. Si le responsable est une personne morale, l'amende peut être portée à 10 % du montant du chiffre d'affaires mondial hors taxes le plus élevé réalisé au cours d'un des exercices clos depuis l'exercice précédant celui au cours duquel la faute a été commise. Cette amende est affectée au financement d'un fonds d'indemnisation en lien avec la nature du dommage subi ou, à défaut, au Trésor public. »

d'une punition »[1], la règle étant affirmée aux niveaux national et européen. Précisément, un contentieux nourri a été porté devant le Conseil constitutionnel et la Cour européenne des droits de l'Homme au sujet d'hypothèses d'amendes civiles, relevant du droit de la concurrence[2].

10. Dans l'article 1266-1 du projet, le montant de la peine est indépendant de la réparation de la victime. Évalué en fonction de la gravité de la faute commise et des profits engendrés par son auteur, il est versé au Trésor public ou à un fonds d'indemnisation, n'est pas assurable et peut être demandé par le parquet, outre la victime. En d'autres termes, il n'est pas douteux que la généralisation d'une amende civile en droit commun de la responsabilité donnera lieu à un contrôle de son respect des règles du droit de la peine. Conscients du risque d'invalidation, au premier chef d'inconstitutionnalité, du texte, ses rédacteurs ont tâché de délimiter précisément le fait générateur (A) et de limiter le montant de la peine prévue (B).

A. LA DÉLIMITATION DU FAIT GÉNÉRATEUR

11. Garanti par l'article 8 de la Constitution et l'article 7 de la Conv. EDH, le principe de légalité des délits et des peines implique que soit garantie la prévisibilité du prononcé de la peine. Cela signifie notamment que le fait générateur doit être défini en des termes suffisamment clairs et précis[3]. Or le droit commun de la responsabilité civile n'a pas toujours brillé par la clarté ou la prévisibilité de ses solutions, la jurisprudence créant et amendant à de multiples reprises

---

[1] Cons. const., 13 déc. 1987 ; Cons. const. 20 mars 2017, n° 2017-750 DC, sur le devoir de vigilance des sociétés mères

[2] V. not., s'agissant de la sanction d'un déséquilibre significatif, CEDH 17 janv. 2012, req. n° 51255/08, GALEC c/ France, *CCC* 2012, comm. 94, obs. M. MALAURIE-VIGNAL ; *JCP* 2012, 462, note A.-M. LUCIANI ; *RDC* 2012, p. 963, obs. J.-P. MARGUÉNAUD ; Cons. const. 13 mai 2011, n° 2011-126 QPC, *JCP* 2011, 717, note A.-M. LUCIANI).

[3] Pour une récente censure du texte sur le devoir de vigilance, Cons. const., 23 mars 2017, n° 2017-750 DC.

des cas de responsabilité du fait des choses ou du fait d'autrui. Au demeurant, si de tels cas de responsabilité ont permis une amélioration de l'indemnisation de la victime, ils ne relèvent pas de comportements justifiant une sanction particulière. La maladresse et le hasard seront difficilement prévenus par la promesse d'une sanction financière. C'est à la fois pour circonscrire le fait générateur dans le champ très large du droit commun de la responsabilité et pour le conformer aux objectifs de dissuasion de comportements opportunistes que l'article 1266-1 restreint le prononcé de l'amende civile à l'hypothèse où son auteur aurait « délibérément commis une faute en vue d'obtenir un gain ou une économie ».

12. Le projet de réforme de la responsabilité civile prévoit ainsi deux critères cumulatifs que devrait remplir la faute permettant le prononcé d'une amende civile : l'un relatif à l'intention de l'auteur, l'autre à la finalité recherchée.

1) L'intention de l'auteur de la faute

13. L'article 1266-1 du projet de réforme exige que l'auteur ait « délibérément commis une faute ». Cette faute *délibérée* vise à limiter le champ d'application de l'amende civile. La difficulté tient à la portée de l'adjectif « délibéré », par rapport aux classifications traditionnelles du droit de la responsabilité civile.

14. En droit commun de la responsabilité, toute faute, quel que soit sa gravité ou son caractère volontaire[1], est susceptible d'engager la responsabilité de son auteur. La formule classique de l'article 1240 du code civil vise « tout fait quelconque de l'homme, qui cause à autrui un dommage, oblige celui par la faute duquel il est arrivé à le réparer ». Peu importe, donc, qu'il s'agisse d'une maladresse ou d'une erreur légère, l'indemnisation peut être recherchée par la victime du fait dommageable dès lors qu'il peut être qualifié de fautif. L'article 1242

[1] C. civ., art. 1241.

du projet, qui définit la faute civile comme « la violation d'une prescription légale ou le manquement au devoir général de prudence ou de diligence », entend maintenir le système français d'une clause générale de responsabilité.

15. Le droit français distingue cependant plusieurs variétés de fautes suivant leur gravité[1]. Ainsi, notamment, la qualification peut varier suivant l'intention du sujet. Une faute volontaire, par laquelle l'auteur recherche la réalisation de l'acte dommageable, se distingue ainsi d'une faute intentionnelle, qui suppose que l'auteur ait visé en outre la réalisation du dommage lui-même[2]. La distinction emporte des conséquences juridiques importantes, notamment au stade de l'assurance[3] et certains auteurs suggéraient même que les juges feraient preuve d'une plus grande largesse dans l'attribution des dommages et intérêts en cas de faute intentionnelle[4].

16. Les auteurs du projet de réforme ont fait le choix du qualificatif *délibéré*, qui évoque le droit pénal[5]. L'emploi de ce terme n'est pas anodin, la Chancellerie souhaitant manifestement éviter toute confusion avec une faute intentionnelle. Ce qui est ici recherché est la réalisation d'un gain ou d'une économie (pour l'auteur) et non d'un dommage en tant que tel (pour la victime)[6]. De sorte que, dans la faute délibérée, l'auteur devrait avoir eu conscience de la faute qu'il commettait, sans pour autant rechercher la réalisation du dommage (ce qui la distinguerait d'une faute intentionnelle)[7]. Cette faute partagerait

---

[1] V. not., L. Sichel, *La gravité de la faute en droit de la responsabilité civile*, thèse Paris 1, 2011, dactyl.
[2] V. not., Civ. 2e, 28 févr. 2013, n° 12-12.813 ; *Bull. civ.* II, n° 44 : « la faute intentionnelle qui exclut la garantie de l'assureur est celle qui suppose la volonté de causer le dommage et pas seulement d'en créer le risque ».
[3] La faute intentionnelle étant inassurable, C. assur., art. L. 113-1, al. 2.
[4] H., L., J. MAZEAUD et A. TUNC, *Traité*, t. I, n° 398, cité par Ph. BRUN, *Responsabilité civile extracontractuelle*, 5e éd., LexisNexis, 2018, n°319.
[5] Sur les limites d'une assimilation, v. E. DREYER, « La sanction de la faute civile par l'amende civile », *D.* 2017, 1136, n° 3.
[6] V. en ce sens, M.-A. CHARDEAUX, art. préc.
[7] En ce sens, v. F. ROUSSEAU, art. préc., n° 6.

cependant avec la faute intentionnelle son caractère inassurable, expressément prévu afin de garantir son effet dissuasif[1].

17. Faudrait-il préciser davantage le caractère intentionnel de la faute commise, par exemple en important explicitement une catégorie connue du droit pénal, par exemple la faute manifestement délibérée ? Le risque serait sans doute de restreindre de manière excessive le champ d'application de l'amende civile, qui vise à faire cesser les comportements opportunistes et à lutter contre les fautes lucratives.

2) La finalité lucrative de la faute

18. La faute sanctionnée ne dépend pas du seul critère de l'intention de son auteur. Une faute commise dans le seul but de nuire à autrui, gratuitement, par pure malveillance, ne répond pas aux critères de l'article 1266-1 du projet de réforme. Il faut en effet que la faute soit commise en vue de la recherche d'un gain ou d'une économie. Elle repose sur un arbitrage entre le gain ou l'économie escomptés et l'indemnisation éventuellement due.

19. Commettre une faute en vue d'obtenir un gain se comprend assez facilement. Le non-respect d'une règle légale permettra à son auteur d'obtenir un avantage matériel : soit par la commission d'une faute unique, par exemple en publiant des photos d'un président de la République en scooter ; soit par une multiplicité de fautes moins lucratives, mais dont l'accumulation deviendra rentable, par exemple des violations de règles relatives à la protection des consommateurs (bien non conforme à la réglementation, violation d'une obligation d'information). Les perspectives d'économie sont également très nombreuses, par exemple en ne payant pas les redevances dues au titulaire d'un droit de propriété intellectuelle, en évitant des dépenses d'investissement, en ne respectant pas la procédure de *vetting* d'un navire transportant des hydrocarbures, etc.

---

[1] Projet, art. 1266-1, dernier alinéa.

20. Le projet de réforme semble se contenter de la finalité « lucrative » de la faute. Contrairement à une analyse économique classique de la faute lucrative, qui supposerait de vérifier que son auteur tirerait un bénéfice en se contentant d'indemniser le préjudice subi par la victime, la seule recherche d'une finalité lucrative suffirait ici, même en cas d'échec[1]. En d'autres termes, l'objectif primerait sur le résultat.

21. Les rédacteurs du projet de réforme ont manifestement tâché de circonscrire le fait générateur, la faute sanctionnée, afin de répondre aux exigences du principe de légalité. Certes, on pourra reprocher l'imprécision et la généralité des termes employés. Néanmoins, on peut relever que certaines infractions pénales reposent sur des termes indéfinis[2]. En outre, ce n'est pas le seul domaine dans lequel la violation d'un standard permet le prononcé d'une amende civile. Il suffit de songer, par exemple, au déséquilibre significatif de l'article L. 442-1, 2° du code de commerce, dont le Conseil constitutionnel a validé le principe à deux reprises[3]. Néanmoins, dans ce dernier cas, la lecture qui en avait été faite insistait sur l'œuvre jurisprudentielle réalisée en droit de la consommation, laquelle aurait rendu la notion de déséquilibre significatif suffisamment prévisible. Quoi qu'on puisse penser de la justesse du raisonnement du Conseil constitutionnel, les rédacteurs auraient pu arrimer la sanction de la faute lucrative sur un standard déjà utilisé en droit pénal, afin d'éviter les risques d'inconstitutionnalité, d'autant que les exigences du droit répressif conduisent également à limiter le prononcé de la peine.

---

[1] Comp., N. FOURNIER DE CROUY, « Consécration de la faute lucrative en droit commun : pourquoi ne dit-elle pas son nom ? Regard porté sur la constitutionnalité et l'efficacité de l'article 1266-1 du projet de réforme de la responsabilité civile », *LPA* 8 nov. 2017, p. 5, n° 7, qui considère que le résultat est une condition. Mais si, effectivement, la réparation est soumise en partie au critère du profit retiré, c'est au stade de l'indemnisation, pas à celui de la qualification de la faute.

[2] V. en ce sens, F. ROUSSEAU, art. préc., qui évoque l'exemple des violences.

[3] Cons. const. 13 janv. 2011, n° 2010-85 QPC, *D.* 2011, 415, note Y. PICOD ; *JCP E* 2011, 1136, note D. MAINGUY ; *RTD civ.* 2011, p. 121, obs. Fages ; Cons. const. 30 nov. 2018, n° 2018-749 QPC, *JCP E* 2018. 1638, note M. BEHAR-TOUCHAIS.

B. LA LIMITATION DE LA PEINE

22. L'amende civile conduit au prononcé d'une sanction financière distincte de la réparation du dommage subi par la victime. Elle revêt la qualification de peine, châtiment infligé à l'effet de prévenir et, s'il y a lieu, de réprimer l'atteinte à l'ordre social[1]. La dimension collective prévaut ici, puisque si l'atteinte résulte d'un comportement individuel, son effet ne saurait être limité au seul dommage subi par la victime. Aussi l'amende civile, naviguant dans la sphère d'influence du droit pénal, est-elle limitée à deux égards. Elle doit à la fois respecter les principes de personnalité et de proportionnalité de la peine.

1) La personnalité de la peine

23. Le principe de personnalité de la peine implique qu'une personne ne puisse être condamnée pénalement pour un fait qu'elle n'a pas commis[2]. Applicable par extension aux peines civiles, il suscite une double difficulté.

24. Première difficulté, le champ d'application de l'article 1266-1 empêche que le responsable du fait d'autrui, au sens civil, soit tenu de l'amende civile éventuellement prononcée à l'égard de l'auteur de la faute. Seul cet auteur est visé, ce qui exclura notamment les commettants du fait de leur préposé qui aurait agi dans le cadre de ses fonctions, au sens de la jurisprudence[3]. Pour condamner une personne morale, il faudra démontrer qu'elle a bien délibérément commis une faute lucrative, et pas seulement que l'un de ses salariés aurait trouvé dans ses fonctions les moyens d'accomplir une telle faute. Or, dans le projet, la définition de la faute des personnes morales est limitée à celle résultant de ses organes ou d'un défaut d'organisation ou de

---

[1] G. CORNU (dir.), *Vocabulaire juridique*, v° « Peine », sens 1.
[2] C. pén., art. 121-1.
[3] Ass. plén., 19 mai 1988, n° 87-82.654 (2 arrêts). Cette solution serait consacrée par le projet de réforme (art. 1249).

fonctionnement[1]. Une telle définition devrait alors être conciliée avec les critères posés par l'article 1266-1.

25. Seconde difficulté, l'amende civile peut être transmise en cas de fusion-absorption du responsable. La Cour de cassation a en effet admis que « le principe de la personnalité des peines, résultant des articles 8 et 9 de la Déclaration de 1789, ne fait pas obstacle au prononcé d'une amende civile à l'encontre de la personne morale à laquelle l'entreprise a été juridiquement transmise »[2], solution validée par la suite par le Conseil constitutionnel[3]. L'argumentaire adopté devrait valoir, par analogie, dans le cas d'une amende civile de droit commun. On relèvera cependant que la justification était fondée largement sur la continuité économique et l'ordre public économique, ce qui ne correspondrait pas nécessairement à l'ensemble des situations envisageables dans le cas de l'amende civile de droit commun[4].

2) La proportionnalité de la peine

26. Le choix de l'amende civile répond à l'orientation donnée en faveur d'un renforcement de la fonction punitive de la responsabilité civile. Déconnectée de la réparation du préjudice subi par la victime, l'amende doit cependant demeurer proportionnée. L'article 8 de la DDHC prévoit en effet que « la loi ne doit établir que des peines strictement et évidemment nécessaires », ce qui conduit le Conseil constitutionnel à contrôler l'absence de disproportion entre l'infraction et la peine encourue[5]. Pour en contenir le montant, l'article 1266-1 du projet pose trois critères que le juge doit articuler.

---

[1] Projet de réforme, art. 1242-1.
[2] Com., 21 janv. 2014, n° 12-29.166 ; *Cont. Conc. Cons.* 2014, comm. 91, obs. N. MATHEY ; *RTD civ.* 2014, p. 367, obs. H. BARBIER.
[3] Cons. const., 18 mai 2016, n° 2016-542 QPC.
[4] F. ROUSSEAU, art. préc., n° 23.
[5] Cons. Const., 7 juin 2013, n° 2013-318 QPC : « si la nécessité des peines attachées aux infractions relève du pouvoir d'appréciation du législateur, il incombe au Conseil constitutionnel de s'assurer de l'absence de disproportion manifeste entre l'infraction et la peine encourue ».

27. Tout d'abord, le montant dépendra de la gravité de la faute commise, ce qui permettra de réintroduire l'appréciation de la faute au stade du prononcé de la peine. La dimension punitive ressort clairement de ce critère. Ensuite, l'amende dépendra également des facultés contributives de l'auteur, afin de traiter différemment et avec discernement les auteurs de fautes lucratives selon leur profil (personne physique ou morale ; PME ou multinationale). Il s'agit là de faciliter la personnalisation de la peine, gage de proportionnalité. Enfin, le juge devra vérifier les profits retirés par l'auteur, critère déterminant dans les dommages et intérêts confiscatoires. Le montant est cependant plafonné au décuple du profit réalisé, même si pour les personnes morales le montant peut atteindre 5 % du montant du chiffre d'affaires hors taxe le plus élevé réalisé en France au cours du dernier exercice clos. Cette rédaction est proche de celle actuellement utilisée dans certains textes du droit de la concurrence[1]. Manifestement, les rédacteurs ont tâché de concilier plusieurs inspirations, en veillant à préserver la proportionnalité du mécanisme.

28. Est-ce suffisamment précis ? L'absence de plafond comme en matière pénale suscite le doute[2]. Mais les critères retenus pour l'amende civile sont objectifs et le droit pénal connaît la possibilité de déplafonner certaines amendes, par exemple en matière de blanchiment ou de délit d'initié[3]. Une autre difficulté tiendra à la « neutralisation » potentielle des critères, par exemple en cas de faute peu grave mais très lucrative[4]. À cet égard le choix de dommages et intérêts punitifs ou restitutoires aurait permis de trancher la question plus nettement que l'articulation de plusieurs critères traduisant des finalités partiellement divergentes.

---

[1] C. com., art. L. 442-4.
[2] V. not., la proposition du groupe de travail de la cour d'appel de Paris, *La réforme du droit français de la responsabilité civile et les relations économiques* (avr. 2019), qui propose de plafonner le montant de l'amende civile au triple du montant du profit réalisé (proposition 2, p. 56).
[3] F. ROUSSEAU, art. préc., n° 9.
[4] M.-A. CHARDEAUX, art. préc.

29. D'autres questions restent actuellement sans réponse, notamment la compatibilité du mécanisme de l'amende civile avec le principe *ne bis in idem*, dont l'articulation n'est pour l'heure pas assurée[1]. Mais alors même que la légalité, au sens large, de l'amende civile demeure discutée, se pose également, et nécessairement, la question de son efficacité.

II. L'efficacité de l'amende civile

30. Envisager l'efficacité d'une règle de droit implique une appréciation d'ordre externe. Il faut en effet s'assurer que l'amende civile réponde aux effets attendus de la règle. L'objectif affiché par les rédacteurs du projet est d'affirmer la dimension punitive du droit commun de la responsabilité civile, afin d'éviter, par un effet dissuasif, la commission de fautes lucratives. « L'effet dissuasif, attaché à toute sanction, est un *effet accessoire* à la fonction principale des sanctions, qui est réparatrice pour les sanctions civiles, et répressive pour les sanctions pénales »[2]. C'est donc à l'aune de la dissuasion qu'entraînerait la perspective d'une condamnation à une amende civile qu'il faut apprécier son efficacité, prise isolément (A) ou par comparaison avec d'autres techniques envisageables (B).

A. L'EFFICACITE INTRINSÈQUE DE L'AMENDE CIVILE

31. Afin d'assurer l'effet dissuasif espéré, il ne suffit pas de jouer sur le montant de la peine. Il faut encore garantir l'effectivité de la mesure en ouvrant le nombre des personnes susceptibles d'agir.

---

[1] V. sur ce point, J. PROROK, « L'amende civile dans la réforme de la responsabilité civile. Regard critique sur la consécration d'une fonction punitive générale », *RTD civ.* 2018, p. 327, spéc. p. 344 s.

[2] C. OUERDANE-AUBERT DE VINCELLES, *Altération du consentement et efficacité des sanctions contractuelles*, Dalloz, 2002, n° 23.

1) Le montant de la peine

32. Le montant de l'amende civile prononcée par le juge est proportionné « à la gravité de la faute commise, aux facultés contributives de l'auteur et aux profits qu'il en aura retirés ». L'ambition des rédacteurs du projet est de prévenir la commission de fautes lucratives en fixant un montant élevé, de nature dissuasive. Dans le droit des pratiques restrictives de concurrence, l'amende civile est plafonnée à un montant qui ne peut excéder le plus élevé des montants suivants : 5 millions d'euros ; triple du montant des avantages indument perçus ou obtenus ; 5 % du chiffre d'affaires hors taxes réalisé en France par l'auteur des pratiques[1].

33. Si le montant de l'amende est bien plafonné, le texte n'encadre pas l'appréciation par le juge du montant requis. La motivation retenue par les juges du fond permet de saisir les ressorts de la décision. Ainsi, dans un jugement rendu dans une affaire opposant le ministre de l'Économie à diverses sociétés du groupe Amazon, le Tribunal de commerce de Paris était saisi d'une demande visant à obtenir sa condamnation à une amende civile d'un montant de 9,5 millions d'euros, soit 1,78 % de son chiffre d'affaires. En se fondant sur l'ancien article L. 442-6, III du code de commerce, en l'espèce applicable, les juges ont considéré que n'était pas rapportée la preuve du montant des avantages retirés par Amazon du fait de ses pratiques, et que l'amende était dès lors nécessairement plafonnée à 5 millions d'euros. Considérant notamment qu'Amazon avait fait preuve de bonne foi depuis l'ouverture de l'enquête, et que des mesures avaient déjà été mises en œuvre pour limiter les pratiques condamnables, les juges, après avoir relevé que « l'amende civile a une vocation répressive pour le passé mais également dissuasive pour l'avenir », limite son montant « à 75 % du plafond de 5 millions d'euros fixé par la loi du 9 décembre 2016, arrondi à 4 millions d'euros »[2].

---

[1] C. com., art. L. 442-4, I.
[2] T. com. Paris, 2 sept. 2019, RG 2017050625, *AJ Contrat* 2019, 433, note F. BUY et J.-C. RODA ; *RDC* 2019, p. 56, obs. C. GRIMALDI.

Les entreprises condamnées disposant de capacités financières importantes, la dissuasion n'est pas nécessairement significative pour des montants aussi limités, ce qui explique les rehaussements du plafond par le législateur en 2016 puis en 2019.

34. Ce système n'a pas été repris entièrement, le champ d'application de l'amende civile en droit commun étant bien plus vaste. Les rédacteurs du projet ont tâché de guider le juge en lui fixant des critères d'appréciation, au nombre de trois. Ces critères sont cumulatifs, l'amende devant être proportionnée à leur analyse conjointe. Pour être dissuasive, il serait faux de croire que le montant jouerait seul. Pour les auteurs de faits condamnables, l'effectivité de la sanction, c'est-à-dire son taux d'application est tout aussi importante. Or elle dépend en large partie de la facilité offerte aux intéressés pour la mettre en œuvre.

2) Les personnes susceptibles d'agir

35. L'article 1266-1 du projet de réforme évoque deux catégories de personnes titulaires de l'action, écartant par son silence certaines catégories de personnes intéressées. Le projet prévoit que l'amende civile pourrait être demandée par la victime ou le ministère public. La première hypothèse permet de lier, sur le plan procédural, la demande d'indemnisation formulée par la victime et la demande de condamnation à une amende civile. Distinguant les fonctions indemnitaire et punitive de la responsabilité civile, l'action de la victime conduirait au prononcé de deux sanctions distinctes, dont l'une ne l'intéresserait pas directement, même si l'affectation des sommes recueillies à un fonds d'indemnisation en lien avec la nature du dommage subi préserverait un lien avec son action. Quant au ministère public, son action a vocation à défendre l'intérêt général, ce qui répond en partie aux exigences de l'amende civile.

36. Mais plus que les personnes susceptibles d'agir mentionnées dans le texte, ce sont les personnes non mentionnées qui retiennent davantage l'attention. Nulle mention, en effet, de tiers intéressés, associations notamment, qui pourraient pourtant constituer des relais efficaces en matière de droit de l'environnement ou de droit de la consommation[1]. De même, il n'est prévu aucune action exercée par un ministère (santé, environnement), alors que le droit des pratiques restrictives de concurrence a révélé l'efficacité de l'action du ministre de l'économie. En résumé, à ce stade du moins, la sanction de l'amende civile en droit commun de la responsabilité civile demeure largement dépendante de l'action individuelle de la victime. Or, celle-ci n'est pas directement intéressée, sinon moralement, au résultat de l'action, à la différence d'autres mécanismes écartés au profit de l'amende civile.

B. L'EFFICACITÉ RELATIVE DE L'AMENDE CIVILE

37. Les travaux doctrinaux contemporains, autant que les réformes législatives récentes, ont permis de mettre au jour plusieurs techniques destinées à affirmer la dimension punitive de la responsabilité civile. Le choix de l'amende civile emprunte à la fois aux dommages et intérêts punitifs et aux dommages et intérêts confiscatoires, auxquels il convient de les confronter.

1) Les dommages et intérêts punitifs

38. Les dommages et intérêts punitifs, ou exemplaires, conduisent à l'attribution à la victime d'un montant déterminé en fonction de la gravité de la faute, la somme étant attribuée intégralement à la victime. Un tel mécanisme implique de rompre avec le principe de la réparation intégrale du dommage, qui postule que la victime puisse obtenir la compensation de l'entier dommage, ni plus ni moins. Il n'est pas admis actuellement en droit français, même si « le principe d'une condamnation à des dommages et intérêts punitifs n'est pas en soi

[1] V. sur ce point, E. DREYER, art. préc., n° 13 s.

contraire à l'ordre public »[1]. L'avant-projet Catala avait pourtant suggéré leur introduction, dans l'hypothèse d'une « faute manifestement délibérée, et notamment d'une faute lucrative », en sus des dommages intérêts compensatoires[2].

39. Les dommages et intérêts punitifs ont souvent mauvaise presse. On leur reproche notamment l'injustice qu'il y aurait à attribuer à la victime un montant sans rapport avec le dommage effectivement subi. La critique n'est pourtant pas décisive, car il est possible d'en encadrer le montant[3], à l'instar du droit québécois[4]. Le choix de l'amende civile se démarque plus nettement en attribuant le montant à un fonds d'indemnisation, voire au Trésor public et, surtout, en utilisant un critère cumulatif tiré des profits réalisés, qui la rapproche des dommages et intérêts confiscatoires.

2) Les dommages et intérêts confiscatoires

40. Les dommages et intérêts confiscatoires, ou restitutoires[5], permettent l'attribution d'une somme d'argent dont le montant est déterminé en fonction du profit réalisé par l'auteur de la faute, somme

---

[1] Civ. 1re, 1er déc. 2010, n° 09-13.303, *D.* 2011, 423, note F.-X. LICARI ; *RDC* 2011, p. 459, obs. S. CARVAL ; *RTD civ.* 2011, p. 317, obs. P. REMY-CORLAY ; L'arrêt précise cependant qu' « il en est autrement lorsque le préjudice alloué est disproportionné au regard du préjudice subi et des manquements aux obligations contractuelles du débiteur ».

[2] Avant-projet CATALA, art. 1371.

[3] Même si le résultat se rapproche alors d'une forme de tarification, les rapprochant du mécanisme de l'amende civile. V. en ce sens, Ph. PIERRE, « Les dommages et intérêts punitifs ou restitutoires (en droit français et européen), *RJO* 2014, p. 23, spéc. p. 35.

[4] C.c.Q., art. 1621 : « Lorsque la loi prévoit l'attribution de dommages-intérêts punitifs, ceux-ci ne peuvent excéder, en valeur, ce qui est suffisant pour assurer leur fonction préventive.
Ils s'apprécient en tenant compte de toutes les circonstances appropriées, notamment de la gravité de la faute du débiteur, de sa situation patrimoniale ou de l'étendue de la réparation à laquelle il est déjà tenu envers le créancier, ainsi que, le cas échéant, du fait que la prise en charge du paiement réparateur est, en tout ou en partie, assumée par un tiers » (nous soulignons).

[5] Avant-projet TERRÉ, art. 54.

attribuée à la victime. De même que pour les dommages et intérêts punitifs, un tel système conduit à déroger au principe de la réparation intégrale, la victime pouvant recevoir une somme supérieure au dommage réellement subi. La différence tient plutôt au critère d'appréciation du montant des dommages et intérêts.

41. L'amende civile semble plutôt s'inspirer, dans son fait générateur, des dommages et intérêts restitutoires. Mais en intégrant, dans les critères d'appréciation de l'amende, la gravité de la faute, et en plafonnant le montant à une somme très élevée, la dimension punitive de l'amende civile ressort nettement. Si bien que le mécanisme proposé procède en réalité d'une hybridation de plusieurs techniques connues. Il faut reconnaître l'ambition des rédacteurs de développer la fonction punitive de la responsabilité civile par l'introduction d'une sanction répressive à effet dissuasif. Il n'est pas certain que l'ambition soit pleinement atteinte en l'état de la rédaction proposée, mais ce texte ne mérite sans doute pas d'être écarté de la version finale de la réforme[1].

[1] V. toutefois, les propositions de suppression de l'art. 1266-1, émanant des groupes de travail de la cour d'appel de Paris (préc.) et du MEDEF (Projet de réforme de la responsabilité. Position du MEDEF, sept. 2018, p. 17).

Regard japonais sur la réforme du droit français de la responsabilité civile extracontractuelle

Ippei OHSAWA
Professeur adjoint à l'Université Senshu

1. Les trois interventions réalisées durant la journée intitulée « Le renouveau du droit de la responsabilité civile » nous ont bien montré les aspects particulièrement intéressants de la réforme du droit de la responsabilité. L'évolution du droit français nous intéresse toujours, en tant que juristes japonais, notamment parce que le droit japonais de la responsabilité partage avec le droit français le même « point de départ » de la réflexion, en d'autres termes, les grands principes du droit de la responsabilité civile extracontractuelle. Nous nous permettrons de présenter très rapidement les grandes lignes du droit japonais de la responsabilité extracontractuelle.

2. Il est évident que la composition de notre droit de la responsabilité extracontractuelle est similaire à celle du droit français. Fidèle au Code civil français, le droit japonais de la responsabilité extracontractuelle a une disposition générale de la responsabilité (l'art. 709 du *Minpô*, le Code civil japonais[1]), qui ordonne la réparation du dommage causé « volontairement ou par faute »[2]. Alors qu'il existe des régimes spéciaux, hors du *Minpô*, permettant seulement la réparation du dommage corporel[3], le *Minpô* ne prenait pas de mesures en faveur des

---

[1] L'art. 709 du *Minpô* : « Quiconque a, volontairement ou par faute, porté atteinte au droit ou l'intérêt juridiquement protégé d'autrui est tenu de réparer le dommage qui en résulte ».

[2] Cette disposition générale de la responsabilité pour faute est accompagnée par plusieurs dispositions spéciales, concernant, par exemple, la responsabilité du fait d'autrui (art. 714 sur la responsabilité des gardiens du fait des mineurs et des personnes privées de discernement, et art. 715 sur la responsabilité du fait des préposés) et du fait d'un ouvrage élevé sur le sol, surtout celui des bâtiments (art. 717).

[3] On peut citer surtout la loi sur la réparation des dommages causés par l'accident de circulation (Atsushi OMURA, « L'accident de la circulation et la responsabilité civile au Japon: brève histoire de la loi du 29 juillet 1955 », in *Mélanges F. CHABAS*, Bruylant, 2011, p. 741).

victimes de ce type du dommage, jusqu'à la réforme récente du droit des obligations et des contrats, laquelle a mis en place un délai de prescription plus long pour la réparation du dommage corporel.

3. De plus, cette généralité est confirmée ou même renforcée quant aux préjudices réparés, puisque le *Minpô* impose clairement la « réparation » du préjudice moral en général (art. 710) et mentionne particulièrement celle du préjudice d'affection des parents, enfants et époux/épouse de la victime de l'accident mortel (art. 711). Ainsi, comme le droit français, le droit japonais est très tolérant envers la réparation du préjudice moral.

4. Ainsi, en partant d'un point de départ similaire à celui du droit français, le droit japonais de la responsabilité est confronté aux sujets traités par les interventions françaises. En effet, comme d'autres sociétés industrialisées, dont la France, le dommage corporel est depuis toujours un moteur de l'évolution du droit japonais de la responsabilité réparatoire. C'est pourquoi nous devons toujours continuer à développer et à améliorer la fonction indemnitaire du droit de la responsabilité. Mais il est difficile pour le droit de la responsabilité de se limiter au domaine de la réparation. On reproche en effet souvent à la responsabilité civile son effet insuffisant, qui incite à y intégrer une ou plusieurs nouvelles fonctions.

5. Cependant, malgré une similarité avérée entre les deux droits, l'un n'est pas une copie de l'autre, et nous avons des principes différents de la France sur quelques points. Ce sont ces similarités et différences qui nous invitent à une comparaison approfondie et intéressante. Nous allons traiter de la fonction « traditionnelle » de la réparation du dommage corporel (I) avant de penser aux fonctions « élargies » de la responsabilité extracontractuelle (II).

I. La réparation du dommage corporel

6. En déclarant, comme le Code civil français, la réparation du dommage causé par la faute de manière générale, l'article 709 du *Minpô*, disposition générale de la responsabilité pour faute, impose sans aucun doute la réparation du dommage corporel. Donc il est naturel que nous ayons les mêmes difficultés quant à la réparation du dommage corporel. Pour mieux réparer ce dommage, notre droit a développé des méthodes d'évaluation du dommage corporel, mais d'une manière différente du droit français, ce qui pourrait nourrir une réflexion sur des différences de valeurs entre les deux sociétés (A). Cependant, comme en France, notre droit de la responsabilité avance peu à peu vers un traitement plus favorable des victimes d'un dommage corporel, ce qui pourra provoquer des difficultés concernant la portée de cette faveur (B).

A. L'ÉVALUATION DU PRÉJUDICE CORPOREL

7. Comme en France, le *Minpô* ne vise pas expressément « le dommage corporel » dans le texte. Le dommage corporel n'est qu'un des dommages réparés dans la disposition générale de la responsabilité sur faute, laquelle ne donne aucune précision quant à l'évaluation des préjudices. De manière générale, le juge évalue les préjudices causés à la victime, *in concreto*. Cependant, comme en France, il est inévitable que chaque tribunal ou chaque juge utilise sa propre technique. De la sorte, le droit japonais s'est confronté, comme le droit français, à la divergence de méthodes d'évaluation des préjudices utilisés par les tribunaux.

8. Le droit japonais avance vers l'uniformisation des méthodes d'évaluation des préjudices corporels, notamment dans le domaine des accidents de circulation. Toutefois, cela ne relève pas de l'initiative du législateur mais d'une « autocensure » des juges du fond. On peut facilement constater ce phénomène dans l'évaluation du gain manqué.

9. Généralement parlant, les juges du fond évaluent les préjudices causés par le dommage corporel « poste par poste », c'est-à-dire, en estimant respectivement le gain manqué, les frais médicaux, etc. De plus, ils clarifient le fondement ou la méthode de leur évaluation de chaque poste, ce qui nous permet de remarquer les différences entre les tribunaux. En effet, on trouvait jusqu'à récemment une distinction de méthode de l'évaluation du gain manqué entre les tribunaux. Il y avait deux méthodes d'évaluation, la méthode « Tokyo », utilisée surtout par les juges du tribunal régional[1] de Tokyo, et la méthode « Osaka », utilisée surtout par ceux des tribunaux régionaux d'Osaka et de Nagoya.

10. C'était par une proposition d'un groupe de magistrats[2] de Tokyo, Osaka et Nagoya, lesquels s'occupaient quotidiennement d'affaires d'accidents de circulation, et donc de cette évaluation, que la pratique a été amenée à uniformiser. Aujourd'hui, la pratique dans ce domaine est devenue quasiment uniforme dans tous les tribunaux. Il y a également plusieurs publications, régulièrement révisées, chaque année ou tous les deux ans, qui présentent la pratique de l'évaluation des préjudices aux tribunaux, surtout celle du tribunal régional de Tokyo, ce qui contribue à l'uniformisation des méthodes d'évaluation. Alors que les juges ne mentionnent pas ces publications, il est évident qu'ils sont très influencés pas celles-ci. En d'autres termes, les juges du fond suivent « volontairement » la proposition.

11. Ainsi, le droit japonais présente un modèle d'uniformisation de l'évaluation des préjudices sous la disposition générale de la responsabilité extracontractuelle, qui ordonne la réparation de tout préjudice causé par la faute, sans en préciser la méthode d'évaluation. Il faut donc non seulement chercher l'égalité de traitement des victimes, mais aussi maintenir la souplesse de la disposition générale, ce qui permettra au droit de la responsabilité d'évoluer avec son temps. On

---

[1] Dans le système judiciaire japonais, le tribunal régional correspond au tribunal de grande instance en France.
[2] Shigenorit INOUE et al., *Une proposition vers l'unification de l'évaluation du gain manqué en cas de l'accident de circulation*, *Hanreï Times*, n° 1014, p. 52.

pourra voir qu'en dépendant d'une sorte d'« autocensure » des juges, le droit japonais adopte un moyen moins formel que le droit français, qui s'oriente vers une uniformisation législative, mais dont le barème ne sera pas exclusif.

12. Le style japonais semble respecter plus l'appréciation de chaque juge, en lui laissant officiellement la liberté. Cependant, on peut douter de la légitimité de cette « autocensure » et du fondement de l'évaluation. En effet, la nature « officieuse » de la proposition des juges de fond nous semble douteuse, puisqu'on ne peut ni nier ni confirmer une influence officieuse de l'autorité judiciaire, la Cour suprême. Alors qu'il n'existe pas de sanction officielle contre une dérogation[1], il peut y avoir un effet indirect, à travers le système de l'administration du personnel, par exemple. Tant qu'il est impossible d'exclure ce doute, l'officialisation législative semble plus légitime, et contribuerait également à la clarification ou la transparence de l'évaluation des préjudices, puisqu'il est parfois difficile de s'apercevoir des considérations derrière un mécanisme officieux.

13. C'est pourquoi la tentative en cours du droit français de la responsabilité quant à l'évaluation des préjudices corporels nous intéresse, et ce d'autant plus que le projet va donner une priorité au dommage corporel.

B. LA PORTÉE DE LA PRIORITÉ DU DOMMAGE CORPOREL

14. Sous la disposition générale qui impose la réparation de tout dommage causé par une faute, le dommage corporel n'est qu'un des droits ou intérêts dignes de protection juridique. Cependant, notre droit positif, comme en d'autres pays, a développé des systèmes plus favorables à la victime du dommage corporel qu'aux victimes d'autres dommages (1). Cependant, leur portée est toujours ambiguë (2).

[1] Un arrêt de la Cour suprême a reconnu que la méthode d'Osaka était admissible : Cour suprême, 26 janvier 2010, *Hanreï Jiho* n° 2076, p. 47.

1) Développement favorable à la victime du dommage corporel

15. En reconnaissant la nécessité primordiale de la réparation du dommage corporel dans la société contemporaine, le droit japonais se dirige vers le renforcement des mécanismes de cette réparation. Cela va sans dire que les lois spéciales, dont la loi portant sur l'indemnisation du dommage causé par l'accident de circulation, entrée en vigueur en 1955[1], qui, en effet, n'ordonne que la réparation du dommage corporel, sont emblématiques. Mais nous pouvons facilement observer des développements dans le droit commun de la responsabilité civile, dont nous nous contentons ici de donner des exemples non exhaustifs.

16. Une faveur directe au dommage corporel est visible concernant, en premier lieu, la prescription. Selon l'article 724, « le droit de demander des dommages-intérêts s'éteint par prescription, lorsque la victime ou son représentant légal ne l'a pas exercé dans les trois ans à partir du moment où il a eu connaissance du fait dommageable et de son auteur », mais aussi « lorsque vingt années se sont écoulées depuis le moment où l'acte illicite a été commis ». Cependant, la Cour suprême a exprimé que, lorsque le dommage en cause est corporel et causé par une atteinte « lente », qui aura, par nature, des conséquences malsaines longtemps après l'acte lui-même, comme la pneumoconiose, « le moment où l'acte illicite a été commis » est interprété comme le moment où un dommage entier ou partiel a été causé[2].

17. En outre, la récente réforme du droit des obligations de 2017, qui entrera en vigueur le 1er avril 2020, a ajouté deux articles qui favorisent la victime du dommage corporel sur le terrain extracontractuel ainsi que contractuel. Sur le terrain extracontractuel, l'article 724-2 concernant la prescription de la créance de réparation du dommage corporel a été ajouté, qui prolonge le court délai de deux ans de l'article 724, en le

---

[1] OMURA, *op. cit.*
[2] Cour suprême, 27 avril 2004, *Minshu* t. 58, n° 4, p. 1032.

portant à cinq ans[1]. Sur le terrain contractuel, alors que le délai long des créances ordinaires, autrement dit toutes les créances sauf celles nées de la responsabilité extracontractuelle, est de dix ans (art. 166, al. 1, 2°), il est doublé, prolongé à vingt ans, pour la réparation du dommage corporel (art. 167). Ainsi, les créances de réparation de ce dommage sont traitées, sur le plan de la prescription, plus favorablement que d'autres par la jurisprudence mais aussi la législation.

18. Mais le souci de la protection de la vie et du corps humain contribue, en second lieu, à la reconnaissance d'un « nouvel » intérêt protégé dans notre droit de la responsabilité extracontractuelle. Généralement parlant, le droit positif japonais de la responsabilité extracontractuelle ne protège pas la perte de chance. Cependant, dans une affaire où un médecin a commis une faute mais où la causalité entre cette faute et le décès de la victime n'était pas établie, la Cour suprême a confirmé le jugement d'une cour d'appel qui avait ordonné des dommages-intérêts à l'encontre du médecin, au fondement que s'il avait fait un traitement approprié, la victime serait peut-être restée en vie plus longtemps[2]. Selon la Cour suprême, c'est parce que « la vie humaine était "un intérêt fondamental" pour les êtres humains et donc qu'une chance de vie doit être protégée ».

19. De manière générale, le droit japonais se dirige vers un traitement favorable à la victime du dommage corporel, et ce par différentes approches. Mais les difficultés émergent quant à la portée de cette faveur faite au dommage corporel.

---

[1] Le délai court de la prescription des créances est en principe de cinq ans (art. 166, al. 1, 1°). Le délai court de trois ans pour la créance née de la responsabilité extracontractuelle est une exception, mais on constate ici une harmonisation du délai de prescription pour le dommage corporel.

[2] Cour suprême, 22 septembre 2000, *Minshu* t. 54, n° 7, p. 2574.

2) Portée de la faveur au dommage corporel

20. Nous aborderons deux difficultés : l'une, qui apparait déjà au Japon et en France (a), et l'autre, posée par le projet français de la réforme (b).

a) L'influence de la volonté de la victime sur la responsabilité extracontractuelle

21. Est-ce que la clause exonératoire ou limitative de responsabilité dans le contrat entre les parties est valide pour la responsabilité délictuelle ? Le droit japonais se confronte depuis longtemps à cette difficulté, puisqu'il adopte traditionnellement le principe de « cumul », selon lequel la victime d'un dommage causé par une inexécution du contrat peut demander la réparation sur le fondement de la responsabilité extracontractuelle[1] ; dans ce cas, elle a le choix entre la responsabilité contractuelle et la responsabilité délictuelle. Selon la jurisprudence, cette clause est en principe efficace non seulement pour la responsabilité contractuelle mais aussi extracontractuelle[2]. Même si cette sorte de clause est soumise au contrôle des clauses abusives, on peut légitimement craindre que l'intérêt primordial, comme la vie humaine ou son corps, soit facilement sacrifié. Ainsi, même si on ne nie pas la possibilité d'exonérer la responsabilité extracontractuelle par un accord, il faut examiner très attentivement le « vrai consentement » à ces clauses, surtout lorsque celles-ci concernent l'intérêt corporel[3]. Dans ce contexte, le projet du 13 mars 2017 apparait bien séduisant, puisqu'il met le dommage corporel quasiment exclusivement sous le régime de la responsabilité extracontractuelle (art. 1233-1, al. 1er) et déclare clairement que « la responsabilité ne peut être limitée ou exclue par contrat en cas de dommage corporel » (l'art. 1281, al. 2 du projet).

---

[1] Ancienne cour suprême, 23 février 1926, *Minshu* t. 5, p. 104, etc.
[2] Cour suprême, 30 avril 1998, *Hanreï Jiho*, n° 1646, p. 162.
[3] Atsumi KUBOTA, *The Law of Torts* (en japonais), 2e éd., Yuhikaku, 2018, p. 281.

22. Nonobstant cette modification, la relation entre la volonté de la victime et la responsabilité extracontractuelle restera délicate, dans la mesure où il est extrêmement difficile d'écarter complètement l'influence de la volonté préalable de la victime sur l'existence ou le contenu de la responsabilité de l'auteur du dommage corporel. On peut citer, par exemple, le consentement de la victime, ou son engagement dans une activité dangereuse, qui peut diminuer ou exonérer la responsabilité extracontractuelle. De la sorte, comment peut-on nier l'influence de l'accord entre l'auteur et la victime, donc fondé sur la volonté de la victime ? La frontière entre un champ influencé par la volonté et celui exempt de cette influence reste toujours ambiguë, et devra faire l'objet de recherches continues.

Par ailleurs, nous allons aborder une autre difficulté concernant la prévention du dommage, posée par la proposition inscrite dans le projet.

b) Prévention du dommage corporel

23. Le projet de la Chancellerie admet, plus clairement, la réparation du coût du prévention payé par la victime. Alors que la jurisprudence japonaise n'a pas encore présenté clairement sa position sur ce sujet, il nous semble qu'il n'y a aucun obstacle à admettre cette réparation. Comme nous l'avons déjà mentionné, nous avons une disposition générale assez similaire, et en plus, des dispositions concernant l'exonération de la responsabilité sur la légitime défense et l'état d'urgence (art. 720 du *Minpô*). Il nous semble que l'esprit de ces dernières est similaire à celui de la réparation du coût des mesures préventives.

24. Cependant, une difficulté d'interprétation apparait autour du terme « raisonnablement » de l'article 1237 de l'avant-projet. Si on fait une comparaison entre la quantité du préjudice et le coût des mesures préventives, la réparation du coût des mesures « trop couteuses » à comparaison avec un préjudice potentiel pourra être déniée. Mais, si on

considère le corps humain comme un intérêt à protéger par toutes les mesures possibles, toutes les mesures préventives seront « raisonnables ». Cela dépend de donc l'importance accordée aux intérêts en cause ou de la hiérarchie entre ces intérêts qui devra être adoptée par un Code ou, plus précisément, par la société.

25. En tout cas, alors que la réparation du dommage corporel est une des fonctions traditionnelles de la responsabilité civile, le droit de la responsabilité ne se contente pas de la réparation ; il se charge également des fonctions préventives, que nous allons aborder tout de suite.

II. Les fonctions élargies de la responsabilité civile extracontractuelle

26. En dehors de la réparation, le projet du 13 mars 2017 concerne les régimes de la cessation du trouble illicite et de l'amende civile. En intégrant des systèmes de prévention et de punition dans le droit de la responsabilité civile, le projet envisage un droit « étendu » de la responsabilité, aux fonctions variées. Certes, il ne fait pas de doute que la prévention ou la punition des actes nuisibles présente de l'importance dans tous les systèmes juridiques, mais les mesures peuvent varier selon le système. Le droit de la responsabilité civile doit-il s'élargir, en admettant comme effet la cessation du trouble illicite (A) et l'amende civile (B) ?

A. LA CESSATION DU TROUBLE ILLICITE

27. Les juristes japonais pourraient légitimement s'intéresser à la manière dont le droit français cristallise le régime de la cessation du trouble illicite, puisque, comme le droit français actuel, le *Minpô* n'a pas de disposition générale portant sur la cessation du trouble illicite. En effet, les juges japonais ont des outils limités pour faire cesser le trouble illicite. À la différence du droit français, le juge japonais ne peut

pas ordonner la réparation en nature (art. 417 et 722, al. 1er, du *Minpô*), excepté en cas de diffamation (art. 723). Cela signifie qu'il est impossible, dans la plupart des cas, pour le juge d'ordonner la cessation des troubles illicites sous le couvert de la réparation en nature.

28. Malgré cette difficulté textuelle, la jurisprudence ordonne la cessation du trouble illicite depuis longtemps dans les cas, par exemple, de diffamation[1], d'atteinte à la vie privée[2] ou de nuisance[3]. Mais, peut-on dire que cet effet est fondé sur la responsabilité civile ? Alors qu'une partie de la doctrine considère la cessation du trouble illicite comme un effet de la responsabilité civile, la jurisprudence en se tenant, nous semble-t-il, à distance de cette idée, mentionne comme fondement de la cessation l'attente au « droit de la personnalité » dans le cas de diffamation ou de la vie privée ou à l'« illicéité » dans le cas de la nuisance. De plus, la jurisprudence a mis en lumière une différence entre la cessation du trouble illicite et la réparation des préjudices dans deux arrêts du même jour. Selon elle, le jugement d'illicéité, dont la notion est souvent utilisée comme remplaçante de la condition de la faute, de l'intérêt protégé ou d'une fusion des deux, diffère selon l'effet en cause ; lorsque la cessation du trouble illicite est en cause, l'intérêt social porté par l'activité (une amélioration de la circulation routière et une contribution à l'activité économique, par exemple) a de l'importance dans le jugement[4]. Toutefois, lorsque la réparation des préjudices est en cause, il faut que l'acte nuisible apporte en mmême temps un bénéfice à la victime[5]. Ainsi, la jurisprudence japonaise conçoit actuellement la cessation du trouble illicite comme un régime indépendant de la responsabilité.

29. De ce point de vue, ce qui nous intéresse c'est que le droit français de la responsabilité civile à venir intégrera la cessation du trouble

[1] Cour suprême, 11 juin 1986, *Minshu* t. 49, n° 7, p. 1870.
[2] Cour suprême, 24 septembre 2002, *Hanreï Jiho* n° 1802, p. 60.
[3] Cour suprême, 7 juillet 1995, *Minshu* t. 49, n° 7, p. 2599.
[4] Cour suprême, 7 juillet 1995, op. cit.
[5] Cour suprême, 7 juillet 1995, *Minshu* t. 49, n° 7, p. 1870.

illicite dans « les effets de la responsabilité », en considérant la cessation du trouble illicite comme une action autonome, mais fondée sur la responsabilité.

30. Certes, le régime de la cessation du trouble illicite garde une particularité contre celui de la réparation, puisque, comme nous l'a montré l'intervention de Mathias Latina, le destinataire de la mesure préventive n'est pas nécessairement l'auteur du trouble illicite. Cependant, il est probable que les notions ou concepts de la responsabilité civile se transforment à l'avenir, notamment du fait de la cohabitation de la réparation avec la cessation du trouble illicite sous la catégorie des « effets de la responsabilité ». Par exemple, on pourra imputer un acte dommageable à quelqu'un parce qu' « il devait faire cesser l'acte dommageable ». Il nous semble que l'intégration de la cessation du trouble illicite dans le droit de la responsabilité crée un passage entre la réparation et la cessation. Il nous faudra observer attentivement l'évolution du droit français sur ce point.

31. Par ailleurs, des nouveautés des effets de la responsabilité extracontractuelle se trouvent non seulement dans la proposition du régime de la cessation du trouble illicite, mais aussi dans celle de l'amende civile.

B. L'AMENDE CIVILE

32. Comme le droit français actuel, le droit japonais n'a jamais admis, du moins officiellement, ni l'amende civile ni les dommages-intérêts punitifs comme effet de la responsabilité civile extracontractuelle. Distincte de la responsabilité pénale, la responsabilité civile a pour objet de réparer les préjudices, et les effets de punition et de prévention ne sont accomplis qu'accessoirement par la responsabilité civile. On pourrait dire que cette séparation du droit civil et du droit pénal est plus poussée en droit japonais qu'en droit français. Nous nous contenterons de citer ici deux exemples.

33. Quant à l'action publique, en premier lieu, c'est le ministère public qui a quasiment son monopole[1], et la victime ne peut saisir un tribunal pénal que lorsque l'action publique contre l'accusé de crimes plus graves, surtout des atteintes à la vie ou le corps humain, a été introduite (art. 23 de la loi pour la protection de la victime des crimes dans le procédure pénal, inséré par la loi du 20 juin 2007). En somme, la victime ne peut guère prendre d'initiative sur le terrain pénal.

34. Quant aux effets de la responsabilité civile, en second lieu, la jurisprudence demeure hostile aux dommages-intérêts punitifs. Saisie d'une demande d'exécution d'une condamnation des dommages-intérêts punitifs décidée par un tribunal californien, dans une affaire similaire à une affaire française[2], la cour n'a pas permis cette exécution, au fondement que les dommages-intérêts punitifs californiens, qui ont pour objet de punir l'auteur plutôt que de réparer un dommage, sont contraires à l'« ordre public »[3]. On peut facilement constater ici une vigilance des juges contre une pénétration de la fonction punitive dans le domaine de la responsabilité civile extracontractuelle.

35. Cependant, il ne faut pas faire une conclusion hâtive, puisque on pourrait dire que le droit japonais de la responsabilité extracontractuelle assume les fonctions punitives de manière officieuse, à travers la réparation du préjudice moral. Comme mentionné ci-dessus, le *Minpô* ordonne la réparation du préjudice moral en général (art. 710), et celle du préjudice d'affection (art. 711). Le juge peut évaluer le montant de l'indemnité « en considérant toutes circonstances confondues », dont les comportements ou les intentions de l'auteur, de sorte qu'une partie

---

[1] Il y a des petites exceptions admises par une récente réforme en 2009, selon laquelle le Comité de l'enquête des ministères publics peut décider de tenter une action publique contre l'auteur sans décision des ministères publics. Cependant, les actions publiques tentées travers ce système sont peu nombreuses, puisque les conditions requises sont trop lourdes.

[2] Cass. 1re civ., 1er déc. 2010, n° 09-13303, *Gaz. Pal.* 24 mars 2011, p. 13, note F. de BÉRARD ; 4 mai 2011, p. 1576, chron. M. MEKKI.

[3] Cour suprême, 11 juillet 1997, *Minshu* t. 51, n° 6, p. 2573.

de la doctrine trouve que la réparation du préjudice moral fonctionne comme une sorte de punition.

36. Dans ce contexte, il va de soi que la tentative du droit français d'officialiser cet effet punitif hors de la réparation nous intéresse. Cependant, quoiqu'il soit officiel ou officieux, cet effet de la responsabilité civile hors de la réparation nous pose quelques difficultés. Comme l'intervention du Professeur Chantepie l'a bien montré, l'avant-projet est prudent sur les difficultés qu'une sanction punitive pourra apporter. La formule sur l'amende civile s'est élaborée en prenant en considération les principes de légalité et de proportionnalité de la punition. Mais *quid* des garanties procédurales dans le procès pénal pour le défendeur? Autrement dit, le défendeur en est-il privé dans la procédure civile ?

37. On pourra concevoir plusieurs solutions vis-à-vis de cette difficulté. La solution la plus simple serait de renoncer à l'introduction de l'amende civile, en considérant que la punition est impossible sans ces garanties. Cela contribuerait à maintenir la division traditionnelle entre le civil et le pénal. Cependant, cette solution ferme les yeux sur la nécessité derrière la proposition de l'amende civile, c'est-à-dire, peut-être, le dysfonctionnement du système traditionnel de la punition. Il faudrait concilier l'importance des garanties procédurales en matière pénale avec la punition en dehors de procès pénal, en admettant une punition non-pénale. Cette solution n'est pas nouvelle, puisque, comme on l'a dit, il y a de multiples peines civiles ou privées dans le droit civil en France, et c'est pareil au Japon. Mais la difficulté est de chercher la limite d'une punition admissible en matière civile, et malheureusement, il nous semble que nous ne disposons pas encore des outils nécessaires à cette recherche, lesquels devront être développés.

38. En guise de conclusion, le droit de la responsabilité extracontractuelle est un miroir de chaque pays, et cela le restera dans le futur. En d'autres termes, le droit de la responsabilité se transforme

selon le temps et le lieu, et les juristes doivent travailler pour l'adapter à leurs pays et époque. Il est clair que le projet français de réforme de la responsabilité civile est l'une de ces tentatives d'adaptation, et ce sera au Japon de faire sa propre tentative dans un futur proche.

Table des matières

Structures éditoriales du groupe L'Harmattan

L'Harmattan Italie
Via degli Artisti, 15
10124 Torino
harmattan.italia@gmail.com

L'Harmattan Hongrie
Kossuth l. u. 14-16.
1053 Budapest
harmattan@harmattan.hu

L'Harmattan Sénégal
10 VDN en face Mermoz
BP 45034 Dakar-Fann
senharmattan@gmail.com

L'Harmattan Cameroun
TSINGA/FECAFOOT
BP 11486 Yaoundé
inkoukam@gmail.com

L'Harmattan Burkina Faso
Achille Somé – tengnule@hotmail.fr

L'Harmattan Guinée
Almamya, rue KA 028 OKB Agency
BP 3470 Conakry
harmattanguinee@yahoo.fr

L'Harmattan RDC
185, avenue Nyangwe
Commune de Lingwala – Kinshasa
matangilamusadila@yahoo.fr

L'Harmattan Congo
67, boulevard Denis-Sassou-N'Guesso
BP 2874 Brazzaville
harmattan.congo@yahoo.fr

L'Harmattan Mali
Sirakoro-Meguetana V31
Bamako
syllaka@yahoo.fr

L'Harmattan Togo
Djidjole – Lomé
Maison Amela
face EPP BATOME
ddamela@aol.com

L'Harmattan Côte d'Ivoire
Résidence Karl – Cité des Arts
Abidjan-Cocody
03 BP 1588 Abidjan
espace_harmattan.ci@hotmail.fr

L'Harmattan Algérie
22, rue Moulay-Mohamed
31000 Oran
info2@harmattan-algerie.com

L'Harmattan Maroc
5, rue Ferrane-Kouicha, Talaâ-Elkbira
Chrableyine, Fès-Médine
30000 Fès
harmattan.maroc@gmail.com

Nos librairies en France

Librairie internationale
16, rue des Écoles – 75005 Paris
librairie.internationale@harmattan.fr
01 40 46 79 11
www.librairieharmattan.com

Librairie l'Espace Harmattan
21 bis, rue des Écoles – 75005 Paris
librairie.espace@harmattan.fr
01 43 29 49 42

Lib. sciences humaines & histoire
21, rue des Écoles – 75005 Paris
librairie.sh@harmattan.fr
01 46 34 13 71
www.librairieharmattansh.com

Lib. Méditerranée & Moyen-Orient
7, rue des Carmes – 75005 Paris
librairie.mediterranee@harmattan.fr
01 43 29 71 15

Librairie Le Lucernaire
53, rue Notre-Dame-des-Champs – 75006 Paris
librairie@lucernaire.fr
01 42 22 67 13